Prüfungstraining

TestDaF

von
Carola Heine und
Elisabeth Lazarou

Cornelsen

Prüfungstraining
TestDaF

Im Auftrag des Verlages erarbeitet von
Carola Heine und Elisabeth Lazarou

Redaktion: Gertrud Deutz,
Gunther Weimann (Projektleitung)

Symbole

2 4 Hörtext auf CD 2, Track 4

→ www Die vollständige Aufgabe zum Mündlichen Ausdruck mit den Originalzeiten finden Sie im Internet unter www.cornelsen.de/daf-testdaf

Umschlaggestaltung: hawemannundmosch, konzeption und gestaltung, Berlin

Layout und technische Umsetzung: Eyes-Open, Agentur für Text und Design, Berlin

Autorinnen und Verlag danken dem TestDaF-Institut für seine Beratung und für die Begutachtung des Modelltests.

www.cornelsen.de

1. Auflage, 5. Druck 2013

Alle Drucke dieser Auflage sind inhaltlich unverändert und können im Unterricht nebeneinander verwendet werden.

Druck: Himmer AG, Augsburg

ISBN 978-3-06-020311-6

Inhalt gedruckt auf säurefreiem Papier aus nachhaltiger Forstwirtschaft.

Liebe Prüfungskandidatinnen und Prüfungskandidaten,
liebe Dozentinnen und Dozenten,

der vorliegende Band **Prüfungstraining TestDaF** richtet sich an diejenigen, die die Prüfung TestDaF ablegen bzw. auf die Prüfung vorbereiten wollen.

Als Prüfungskandidat/in können Sie das Buch allein durcharbeiten. Sie können sich dabei zielgerichtet auf die vier Prüfungsteile Leseverstehen, Hörverstehen, Schriftlicher Ausdruck und Mündlicher Ausdruck vorbereiten, die Aufgaben lösen und mit dem Lösungsschlüssel überprüfen.

Als Dozent/in können Sie das Prüfungstraining in Kursen zur Vorbereitung der Kursteilnehmer/innen auf die TestDaF-Prüfung einsetzen.

Vor jedem der vier Prüfungsteile gibt es detaillierte Hinweise zu diesem Subtest. Im Anschluss an einen ersten Übungstest lernen Sie Schritt für Schritt, wie Sie die Aufgaben lösen können. Dabei finden Sie nützliche Tipps und Übungen für die Vorbereitung wie auch für die Prüfungssituation.

Danach können Sie Ihr Training mit zwei weiteren Übungstests fortsetzen.

Wenn Sie das Strategietraining und die Übungssätze durchgearbeitet haben, bietet Ihnen ein vom TestDaF-Institut autorisierter Modelltest die Möglichkeit, die Prüfungssituation zu simulieren und Ihre Leistung realistisch einzuschätzen.

Zum Trainingsmaterial gehören zwei eingelegte CDs:

CD 1 enthält das Hörverstehen und den Mündlichen Ausdruck der Übungstests 1–3.
Für den Übungstest 1 des Mündlichen Ausdrucks finden Sie dabei die komplette Aufgabenstellung inklusive der Vorbereitungs- und Sprechzeiten, für die Übungstests 2 und 3 die Impulse zum Sprechen. Den kompletten Prüfungsteil Mündlicher Ausdruck für die Übungstests 2 und 3 inklusive der Aufgabenstellung, Vorbereitungs- und Sprechzeiten finden Sie im Internet unter www.cornelsen.de/daf-testdaf.

CD 2 enthält alle Audiomaterialien zum Modelltest (Hörverstehen und Mündlicher Ausdruck).

Im Buch eingelegt sind die Transkripte der Hörtexte und der Impulse des Mündlichen Ausdrucks sowie die Lösungen der Aufgaben zum Lese- und Hörverstehen und der Erwartungshorizont für die Aufgaben zum Schriftlichen und Mündlichen Ausdruck.

Die Autorinnen und der Verlag wünschen Ihnen viel Erfolg bei der Vorbereitung und bei der Prüfung!

Allgemeine Informationen zur Prüfung TestDaF

Die Sprachprüfung TestDaF richtet sich an ausländische Deutschlernende, die über gute Sprachkenntnisse verfügen und in Deutschland studieren wollen oder für ihr Studium bzw. ihren Beruf einen anerkannten Nachweis über ihre Sprachkenntnisse benötigen.

Die Prüfung TestDaF umfasst auf der Skala des Europarats etwa die Niveaustufen B 2.1 (ALTE-Stufe 3) bis C 1.2 (ALTE-Stufe 4) und setzt ca. 700 bis 1000 Unterrichtseinheiten Deutsch voraus. Die Stunden müssen jedoch nicht nachgewiesen werden. Die Prüfung kann beliebig oft wiederholt werden. Nach dem erfolgreichen Ablegen der Prüfung gibt es keine Frist, um sich für ein Studium in Deutschland zu bewerben. Die Prüfung wird weltweit an lizenzierten Testzentren angeboten und kann somit auch im Heimatland der Studienbewerberinnen und -bewerber abgelegt werden.

Der TestDaF prüft die sprachlichen Fähigkeiten, die für ein Studium notwendig und wichtig sind. Alle Prüfungsteile befassen sich daher mit dem Themenkomplex Hochschule, Studienalltag und Wissenschaft. Die Themen sind fächerübergreifend und können z. B. aus den folgenden Bereichen kommen:

- Studium und universitäres Umfeld,
- Forschung und Wissenschaft,
- Neuere Technologien,
- Sprache und Kommunikation,
- Massenmedien,
- Umwelt,
- Gesellschaft: Familie, Wohnen, Jugend etc.,
- Wirtschaft.

Der TestDaF misst das sprachliche Können der Kandidatinnen und Kandidaten. Die Leistungen werden einer der folgenden drei Niveaustufen zugeordnet:
TestDaF-Niveaustufe 5 (TDN 5), TestDaF-Niveaustufe 4 (TDN 4), TestDaF-Niveaustufe 3 (TDN 3).
Wenn das Ergebnis unterhalb von TDN 3 liegt, hat der Prüfungskandidat / die Prüfungskandidatin das Eingangsniveau für die Prüfung noch nicht erreicht.

Mit dem Bestehen der TestDaF-Prüfung auf der Niveaustufe TDN 4 in allen Teilen werden Sie zum Fachstudium an einer deutschsprachigen Hochschule zugelassen. Je nach Fach und speziellen Anforderungen kann eine Hochschule jedoch davon abweichen, so dass Sie sich bei der Hochschule Ihrer Wahl nach den Zulassungsbedingungen erkundigen sollten.

Die Prüfung umfasst vier Teile: Leseverstehen, Hörverstehen, Schriftlicher Ausdruck und Mündlicher Ausdruck. Die Fertigkeiten werden getrennt geprüft und auch getrennt im Zeugnis aufgeführt.

1. Leseverstehen

Der Prüfungsteil Leseverstehen besteht aus drei Lesetexten mit insgesamt 30 Items. Dabei handelt es sich um unterschiedliche Textsorten und Aufgabentypen mit steigendem Schwierigkeitsgrad. Alle haben einen thematischen und sprachlichen Bezug zum Bereich Hochschule. Sie müssen den Gesamtzusammenhang, Einzelheiten sowie nicht direkt ausgedrückte Informationen verstehen.

Insgesamt haben Sie für das Leseverstehen 60 Minuten Zeit:

Lesetext 1 – TDN 3	10 Minuten
Lesetext 2 – TDN 4	20 Minuten
Lesetext 3 – TDN 5	20 Minuten

10 Minuten stehen für das Übertragen auf das Antwortblatt zur Verfügung.

2. Hörverstehen

Der Prüfungsteil Hörverstehen besteht aus drei Hörtexten mit insgesamt 25 Items. Gesprochene Texte aus dem akademischen Kontext müssen angemessen verstanden werden. Mit den drei Hörtexten werden unterschiedliche Textsorten, Aufgabentypen und ein steigender Schwierigkeitsgrad präsentiert. Es werden unterschiedliche Hörleistungen von Ihnen erwartet: Einzelinformationen verstehen, den Gesamtzusammenhang erfassen oder auch implizite Informationen verstehen.

Insgesamt haben Sie für das Hörverstehen 40 Minuten Zeit:
Hörtext 1 – TDN 3
Hörtext 2 – TDN 4 } ca. 30 Minuten insgesamt
Hörtext 3 – TDN 5

10 Minuten sind für das Übertragen auf das Antwortblatt vorgesehen.

3. Schriftlicher Ausdruck

Der Schriftliche Ausdruck besteht aus einer Aufgabe zum Schreiben. Sie sollen zeigen, dass Sie zu einem bestimmten Thema einen zusammenhängenden Text verfassen können. Im ersten Aufgabenteil muss eine Grafik oder eine Tabelle beschrieben werden. Beim zweiten Aufgabenteil wird eine argumentative Stellungnahme zu einer Diskussionsfrage erwartet.

Für den Schriftlichen Ausdruck haben Sie insgesamt 60 Minuten Zeit.

4. Mündlicher Ausdruck

Der Mündliche Ausdruck besteht aus 7 Aufgaben mit unterschiedlichem Schwierigkeitsgrad. Sie sollen sich in verschiedene Situationen an der Hochschule hineinversetzen und auf einen gehörten Impuls (eine Frage oder Aufforderung) sprachlich reagieren. Ihre Antworten sprechen Sie auf CD oder Kassette.

Die mündliche Prüfung dauert mit der Anleitung insgesamt ca. 35 Minuten. Die Zuordnung zu den TestDaF-Niveaustufen ist wie folgt:

Aufgabe 1: TDN 3	Aufgabe 5: TDN 4
Aufgabe 2: TDN 3	Aufgabe 6: TDN 5
Aufgabe 3: TDN 4	Aufgabe 7: TDN 3
Aufgabe 4: TDN 5	

Übersicht

Der Prüfungsteil Leseverstehen überprüft, inwieweit Sie Lesetexte verstehen können, die einen thematischen und sprachlichen Bezug zum Bereich Hochschule haben. Sie sollen Aufgaben bearbeiten, die das Verstehen von Gesamtzusammenhängen und Einzelheiten sowie nicht direkt ausgedrückten Informationen verlangen. Das Leseverstehen besteht aus drei Lesetexten mit steigendem Schwierigkeitsgrad, unterschiedlichen Aufgabentypen und verschiedenen Textsorten. Es handelt sich um Kurztexte aus dem Studienalltag (Lesetext 1), journalistische Texte (Lesetext 2) und Artikel aus einer Fachzeitschrift (Lesetext 3).

In der ersten Aufgabe (TDN 3) werden 8 Kurztexte mit insgesamt 300 bis 450 Wörtern zu studienbezogenen Themen präsentiert. Diesen Texten sollen Sie in sehr kurzer Zeit Informationen entnehmen und sie dann zehn Aufgaben zuordnen.

Die zweite Aufgabe (TDN 4) besteht aus einem journalistischen Text mit insgesamt 450 bis 600 Wörtern, der Ergebnisse aus Forschung und Wissenschaft thematisiert. Bei diesem Aufgabentyp handelt es sich um eine dreigliedrige Multiple-Choice-Aufgabe. Sie sollen zu zehn Fragen aus drei vorgegebenen Antworten die richtige auswählen, die einer Aussage im Text entspricht.

In der dritten Aufgabe (TDN 5) sollen Sie einen Text mit insgesamt 550 bis 650 Wörtern aus einer wissenschaftlichen Fachzeitschrift oder einem Fachbuch bearbeiten. Bei diesem Aufgabentyp sollen Sie entscheiden, ob eine vorgegebene Information auf den Text zutrifft, nicht zutrifft, oder im Text nicht behandelt wird (Ja / Nein / Text sagt dazu nichts).

Die folgende Tabelle stellt die Aufgaben zum Leseverstehen zusammenfassend dar.

	Lesetext 1	**Lesetext 2**	**Lesetext 3**
Prüfungsziel	den Gesamtzusammenhang und bestimmte Einzelheiten verstehen kursorisches / suchendes Lesen	den Gesamtzusammenhang und Einzelheiten verstehen globales und selektives Lesen	den Gesamtzusammenhang und Einzelheiten sowie implizite Informationen verstehen globales, detailliertes sowie interpretierendes Verstehen
Aufgabentyp	Zuordnungsübung	Multiple-Choice-Aufgabe	Auswahlform: Ja / Nein / Text sagt dazu nichts
Items / Punkte	10/10	10/10	10/10
Niveaustufe	TDN 3	TDN 4	TDN 5
vorgesehene Bearbeitungszeit	10 Minuten (insgesamt 60 Minuten, davon 10 Minuten für das Übertragen der Lösungen auf das Antwortblatt)	20 Minuten	20 Minuten

Prüfungshinweise

In der Prüfung erhalten Sie die drei Lesetexte, die Aufgaben und ein Antwortblatt. Sie haben insgesamt 60 Minuten Zeit, alle Aufgaben zu lösen und die Antworten auf das Antwortblatt zu übertragen. Nur die Lösungen auf dem Antwortblatt werden gewertet. Achten Sie unbedingt darauf, das Antwortblatt korrekt auszufüllen. Hierzu finden Sie genaue Anweisungen auf dem Antwortblatt (s. Modelltest, S. 106).

Um Ihre Leistungen im Prüfungsteil Leseverstehen einzustufen, wird die Anzahl der richtigen Lösungen von allen drei Aufgaben errechnet. Die Summe der richtigen Lösungen aller Items entscheidet, welche Niveaustufe (TDN-Stufe) Sie erreichen. Deshalb sollten Sie auf jeden Fall alle drei Aufgaben komplett bearbeiten.

Die Erfassung erfolgt maschinell, d.h. Ihre Antworten werden eingescannt. Deshalb müssen Sie die Antworten auf dem Antwortbogen sorgfältig markieren.

Da sich die Aufgaben im Leseverstehen je nach Testsatz etwas im Schwierigkeitsgrad unterscheiden können, wird die Mindestzahl der richtig gelösten Items für jeden Testsatz neu ermittelt. Damit wird eine gerechte Bewertung ermöglicht. Die Punkte, die man braucht, um die Niveaustufe TDN 3, TDN 4 oder TDN 5 zu erreichen, sind also von Test zu Test verschieden. Deshalb kann keine Anzahl der richtig gelösten Items genannt werden, die für alle Prüfungen gilt. Für einen leichteren Prüfungsteil müssen Sie z. B. mindestens 26 Items richtig gelöst haben, um die Niveaustufe TDN 5 zu erhalten, bei einer verhältnismäßig schweren Prüfung hingegen würden 24 richtige Items ausreichen.

TestDaF-Niveaustufe (TDN)

Leseverstehen
Maximale Anzahl der richtig gelösten Items: ➥ 30 Items

Für **TDN 5** müssen je nach Testsatz mindestens richtig gelöst werden:	Für **TDN 4** müssen je nach Testsatz mindestens richtig gelöst werden:	Für **TDN 3** müssen je nach Testsatz mindestens richtig gelöst werden:
➥ 24, 25 oder 26 Items	➥ 20, 21 oder 22 Items	➥ 14, 15 oder 16 Items

Worauf sollten Sie beim Lesen besonders achten?

- Trainieren Sie, innerhalb einer vorgegebenen Zeit einen Text zu lesen. In der Prüfung haben Sie wenig Zeit, deshalb ist es wichtig, beim Üben die vorgegebene Arbeitszeit zu berücksichtigen.
- Konzentrieren Sie sich auf das Thema bzw. die Hauptaussagen.
- Achten Sie auf gliedernde Wörter wie *Konnektoren* (weil, infolgedessen, wenn), *lexikalische Mittel* (erstens, zum Schluss, folglich) sowie auf *Synonyme* und *Pronomen*.
- Ignorieren Sie Informationen, die für die Aufgabenstellung keine Rolle spielen, wenn Sie das Prüfungsformat bereits gut kennen.

Kursangebote der Volkshochschule

10'

Sie haben das Halbjahresprogramm der Volkshochschule Bonn und suchen für Ihre Bekannten verschiedene Kursangebote. Schreiben Sie in das Kästchen rechts den Buchstaben des passenden Angebots. Jedes Kursangebot kann nur einmal gewählt werden. Es gibt nicht für jeden Wunsch einen passenden Kurs. Gibt es für eine Person oder Personengruppe kein geeignetes Angebot, dann schreiben Sie bitte den Buchstaben ***I***.
Das Angebot im Beispiel kann nicht mehr gewählt werden.

Sie suchen …

01	… einen Kurs für eine ausländische Freundin, die ihre Grammatikkenntnisse möglichst schnell auffrischen möchte.	*A*	
02	… ein Seminar für einen Bekannten, der im Sommer nach Spanien fahren und vorher die Sprache lernen will.	*I*	
1	… einen Kurs für einen Freund, der in der telefonischen Auskunft arbeitet und seine Englischkenntnisse verbessern muss.		1
2	… einen Mal- und Zeichenkurs für eine Mitstudentin, die verschiedene Techniken erlernen möchte.		2
3	… einen Kurs für Ihre Tante, bei dem sie lernt, wie sie einen Computer bedienen kann.		3
4	… einen Italienischkurs für Ihre Eltern, den Sie ihnen als Vorbereitung für ihren Urlaub in Italien schenken wollen.		4
5	… für Ihre Freundin ein Seminar über Fotografie und Film, das als Vorbereitung für ein Filmprojekt dienen könnte.		5
6	… nach einer Veranstaltung für Ihre Freunde, die sich für Radio- und Fernseharbeit interessieren.		6
7	… einen Kurs für sich selbst, weil Sie wissen möchten, welche Digitalkamera die richtige ist und wie man damit fotografiert.		7
8	… einen Kurs für sich und zwei Freundinnen, die gern lateinamerikanische Standardtänze tanzen.		8
9	… einen speziellen Kurs für Ihre Freundin, die große Schwierigkeiten hat, ihre Zeit richtig zu planen und deswegen oft im Stress ist.		9
10	… einen Kurs für einen Arbeitskollegen, der sich für Kunst interessiert und gern in Ausstellungen geht.		10

A
Wiederholungskurs der deutschen Grammatik (Grundgrammatik Deutsch)
Eine besonders schnelle Wiederholung für Teilnehmer/innen, die das Lehrwerk „studio d A1 und A2“ durchgearbeitet oder bis zu 240 Stunden Deutschunterricht hatten.
Lehrbuch: Deutsche Grammatik
Fr. 17.30–19.00 Uhr, 15 Abende, ab 24. Feb.

B
Deutsche Welle digitalisiert
Die zweistündige Führung beginnt mit einem allgemeinen Überblick über das moderne, voll digitalisierte neue Funkhaus der Deutschen Welle in Bonn und einer Einführung in Programmauftrag und Strukturen des deutschen Auslandssenders. Die Teilnehmer/innen besuchen eine Live-Ausstrahlung des Programms im Sendestudio.
Do., 03. März, 10.00–12.00 Uhr

C
Intensivkurs: Englisch-Grundstufe (A2–B1)
In diesem Kurs lernen Sie, sich in routinemäßigen Situationen zu verständigen und Informationen zu vertrauten Themen auszutauschen. Sie lernen, kurze persönliche Briefe zu schreiben und einfache Mitteilungen zu verstehen. Sie fühlen sich nicht mehr hilflos, wenn am Telefon kurze Auskünfte auf Englisch verlangt werden.
Di. u. Do. 18.40–20.10 Uhr, ab 22. Februar

D
Wochenendseminar: Sprachlich fit für den Urlaub
Der Kurs richtet sich an Teilnehmer/innen, die eine Urlaubsreise nach Italien planen. Im Unterricht werden verschiedene Alltagssituationen auf Italienisch geübt. Dazu gehören Gespräche im Hotel, beim Einkaufen, im Restaurant oder bei der Orientierung in der Stadt.
09./10. April, 10.00–17.00 Uhr

E
Digitalfotografie
Im Mittelpunkt dieses Kurses steht eine Einführung in die Digitalfotografie oder der Wechsel von analogen zu digitalen Systemen. Vor- und Nachteile der digitalen Kamerasysteme sowie wichtige Kriterien beim Kauf einer digitalen Kamera werden detailliert erläutert. Die Teilnehmer/innen erhalten eine fundierte Basis für die Wahl der richtigen Kamera.
Mo. ab 28. Feb., 17.30–20.30 Uhr, 3 Abende

F
Zeit optimal nutzen
Die zunehmende Zeitknappheit vieler Menschen erfordert die effektive Nutzung der verfügbaren Zeit. In diesem Modul wird sowohl theoretisch als auch praktisch vermittelt, wie man den Umgang mit seiner persönlichen Zeit effektiv gestalten kann. Es geht nicht nur darum, Zeit zu gewinnen, sondern auch darum, diese mit Hilfe moderner Arbeitsmethoden optimal zu nutzen.
Mo. bis Do., 21.–24. März, 9.00–16.00 Uhr

G
Einführung in die EDV
Wer zum ersten Mal mit der Elektronischen Datenverarbeitung konfrontiert wird, benötigt eine Einführung. Dieser Kurs will Grundkenntnisse und erste Schritte zur Bedienung eines Computers vermitteln und einen Überblick über seine Anwendungsmöglichkeiten bieten. Im Vordergrund steht die praktische Arbeit am Computer.
Di. ab 19. Mai, 18.40–21.40 Uhr, 5 Abende

H
Wochenendseminar: Zeichnen und Malen für Fortgeschrittene
Zeichnen und Malen in verschiedenen Techniken mit Bleistift, Kohle, Pastell und Tusche sowie Aquarell. Von den Grundlagen der Farbenlehre, Perspektive und Bildkomposition zu freiem Gestalten nach eigenen Ideen. Bitte vorhandene Materialien mitbringen.
16./17. April, 10.00–16.00 Uhr

(403 Wörter)

Strategietraining

Für den Lesetext 1 haben Sie ca. zehn Minuten Zeit. Sie lesen acht sprachlich und inhaltlich einfach strukturierte Kurztexte (A – H) zu einem übergeordneten Thema (insgesamt 300 – 450 Wörter) und ordnen sie zehn verschiedenen Personen oder Situationen zu. Dabei sollen Sie möglichst schnell die wichtigsten Informationen aus den Texten entnehmen. Für drei Personen bzw. Situationen gibt es kein passendes Angebot. Setzen Sie hierfür den Buchstaben ***I*** ein. Jeder Kurztext darf nur einmal gewählt werden.

Ihre Aufgabe besteht darin, den Gesamtzusammenhang und bestimmte Einzelheiten zu verstehen.

Die Aufgabenstellung für den Lesetext 1 folgt immer diesem Muster. Im Folgenden zeigen wir Ihnen Schritt für Schritt, wie Sie sich auf den Lesetext 1 vorbereiten können.

Schritt 1

Den Aufgaben gehen zwei Beispiele voran, die mit (01) und (02) markiert sind.
Lesen Sie die Aufgabenstellung und die Beispiele genau durch. Markieren Sie die Schlüsselwörter in den Beispielen. Die folgenden Fragen helfen dabei:
- *Wer* möchte etwas machen?
- *Was* möchte die Person machen?
- *Warum* möchte die Person das machen?
- *Wo* möchte die Person das machen?

Sie müssen in den Kurztexten nach den Antworten auf diese Fragen suchen.

Die Aufgabenstellung und die Lösungsbeispiele in diesem Übungstest lauten:

Sie haben das Halbjahresprogramm der Volkshochschule Bonn und suchen für Ihre Bekannten verschiedene Kursangebote. Schreiben Sie in das Kästchen rechts den Buchstaben des passenden Angebots. Jedes Kursangebot kann nur einmal gewählt werden. Es gibt nicht für jeden Wunsch einen passenden Kurs. Gibt es für eine Person oder Personengruppe kein geeignetes Angebot, dann schreiben Sie bitte den Buchstaben ***I***.
Das Angebot im Beispiel kann nicht mehr gewählt werden.

Sie suchen …

01	… einen Kurs für eine ausländische Freundin, die ihre Grammatikkenntnisse möglichst schnell auffrischen möchte.	*A*
02	… ein Seminar für einen Bekannten, der im Sommer nach Spanien fahren und vorher die Sprache lernen will.	*I*

Für das Beispiel 01 passt das Angebot in Text A, deshalb steht der Buchstabe ***A***.

A
Wiederholungskurs der deutschen Grammatik (Grundgrammatik Deutsch)
Eine besonders schnelle Wiederholung für Teilnehmer/innen, die das Lehrwerk „studio d A1 und A2“ durchgearbeitet oder bis zu 240 Stunden Deutschunterricht hatten.
Lehrbuch: Deutsche Grammatik
Fr. 17.30–19.00 Uhr, 15 Abende, ab 24. Feb.

Erklärung: Die „Grammatikkenntnisse auffrischen“ ist synonym zu „Wiederholung der Grammatik“.
Der Text A bietet einen passenden Deutschkurs für die Freundin an.
Er darf nicht noch einmal gewählt werden. Streichen Sie ihn jetzt durch.

Für das Beispiel 02 gibt es kein passendes Angebot, deshalb steht der Buchstabe *I*.

Erklärung: In keinem der Texte gibt es ein Angebot für Spanisch.

Schritt 2

Lesen Sie die restlichen sieben Kurztexte durch. Achten Sie auf die Informationen in den Überschriften und markieren Sie die Schlüsselwörter zum Inhalt. Die folgenden Fragen helfen dabei:
- *Was* wird angeboten?
- *An wen* richtet sich das Angebot?
- *Welches Ziel* hat das Angebot?
- *Welche Voraussetzungen* muss man mitbringen?

B
Deutsche Welle digitalisiert
Die zweistündige Führung beginnt mit einem allgemeinen Überblick über das moderne, voll digitalisierte neue Funkhaus der Deutschen Welle in Bonn und einer Einführung in Programmauftrag und Strukturen des deutschen Auslandssenders. Die Teilnehmer/innen besuchen eine Live-Ausstrahlung des Programms im Sendestudio.
Do., 03. März, 10.00–12.00 Uhr

C
Intensivkurs: Englisch-Grundstufe (A2–B1)
In diesem Kurs lernen Sie, sich in routinemäßigen Situationen zu verständigen und Informationen zu vertrauten Themen auszutauschen. Sie lernen, kurze persönliche Briefe zu schreiben und einfache Mitteilungen zu verstehen. Sie fühlen sich nicht mehr hilflos, wenn am Telefon kurze Auskünfte auf Englisch verlangt werden.
Di. u. Do. 18.40–20.10 Uhr, ab 22. Februar

Schritt 3

Lesen Sie nun die erste der zehn Aufgaben und markieren Sie die Schlüsselwörter.

Sie suchen …

1	… einen Kurs für einen Freund, der in der telefonischen Auskunft arbeitet und seine Englischkenntnisse verbessern muss.	

Überfliegen Sie die markierten Textstellen in den Kurztexten und suchen Sie nach dem Text, der thematisch zu den Schlüsselwörtern in der ersten Aufgabe passt. Wenn Sie einen Text gefunden haben, überzeugen Sie sich, dass er der richtige ist, indem Sie Details des Textes mit der Aufgabe vergleichen.

Die Lösung für die Aufgabe 1 lautet ***C***.

C
Intensivkurs: Englisch-Grundstufe (A2 – B1)
In diesem Kurs lernen Sie, sich in routinemäßigen Situationen zu verständigen und Informationen zu vertrauten Themen auszutauschen. Sie lernen, kurze persönliche Briefe zu schreiben und einfache Mitteilungen zu verstehen. Sie fühlen sich nicht mehr hilflos, wenn am Telefon kurze Auskünfte auf Englisch verlangt werden.
Di. u. Do. 18.40 – 20.10 Uhr, ab 22. Februar

Erklärung: Der Schlüsselbegriff „Englischkenntnisse verbessern" in der Aufgabe passt zum Kursangebot „Intensivkurs: Englisch-Grundstufe (A2 – B1)". Das Kursziel, „am Telefon kurze Auskünfte auf Englisch" geben zu können, entspricht den Wünschen des Freundes, der „in der telefonischen Auskunft arbeitet".

Wenn ein Text zu einer Person passt, schreiben Sie den entsprechenden Buchstaben in das Kästchen.

TIPP *Wenn Sie nicht ganz sicher sind, schreiben Sie trotzdem den Buchstaben hinter die Aufgabe. Setzen Sie aber ein Fragezeichen hinzu. Halten Sie sich nicht zu lange an einzelnen Texten oder Aufgaben auf.*

Schritt 4

Verfahren Sie mit den anderen Aufgaben ebenso. Manchmal passt ein Text thematisch zu zwei Aufgaben. Hier müssen Sie auf bestimmte Einzelheiten achten.

Beispiel:

Sie suchen …

5 … für Ihre Freundin ein Seminar über Fotografie und Film, das als Vorbereitung für ein Filmprojekt dienen könnte.

7 … einen Kurs für sich selbst, weil Sie wissen möchten, welche Digitalkamera die richtige ist und wie man damit fotografiert.

Auf den ersten Blick passt Text E zu beiden Aufgaben, da es hier um einen Kurs über (digitale) Fotografie geht. Deshalb müssen Sie besonders auf die Schlüsselwörter im Text achten:

E

Digitalfotografie

Im Mittelpunkt dieses Kurses steht eine Einführung in die Digitalfotografie oder der Wechsel von analogen zu digitalen Systemen. Vor- und Nachteile der digitalen Kamerasysteme sowie wichtige Kriterien beim Kauf einer digitalen Kamera werden detailliert erläutert. Die Teilnehmer/innen erhalten eine fundierte Basis für die Wahl der richtigen Kamera.

Mo. ab 28. Feb., 17.30 – 20.30 Uhr, 3 Abende

Das Angebot in Text E passt zu Aufgabe 7.

Erklärung: Die Schlüsselwörter „Wahl der richtigen Kamera“ und „Einführung in die Digitalfotografie“ entsprechen dem Interesse für „die richtige“ Digitalkamera und „wie man damit fotografiert“.

Text E passt nicht zu Aufgabe 5, denn dort wird ein Seminar zur „Vorbereitung für ein Filmprojekt“ gesucht. Suchen Sie in den weiteren Kurztexten nach einem Text für die Aufgabe 5. Sie werden feststellen, dass es kein passendes Angebot gibt. Schreiben Sie deshalb den Buchstaben ***I***.

Schritt 5

a) Bearbeiten Sie jetzt die Aufgaben mit den Fragezeichen.
b) Kontrollieren Sie noch einmal Ihre Lösungen. Achten Sie darauf, dass Sie alle Aufgaben gelöst haben.

Studium und Beruf

10'

Sie suchen für einige Kommilitoninnen und Kommilitonen Informationen für einen passenden Studien- oder Praktikumsplatz bzw. einen Job. Schreiben Sie in das Kästchen rechts den Buchstaben für das passende Angebot. Jedes Angebot kann nur einmal gewählt werden. Es gibt nicht für jeden Wunsch ein geeignetes Angebot. Gibt es für eine Person kein geeignetes Angebot, schreiben Sie bitte den Buchstaben *I*.
Das Angebot im Beispiel kann nicht mehr gewählt werden.

Sie suchen Informationen für …

01	… einen ausländischen Doktoranden, der seine Deutschkenntnisse auffrischen will.	*I*	
02	… einen Absolventen mit Erfahrung in der Textilbranche, der in diesem Bereich arbeiten möchte.	*A*	
1	… eine Absolventin der Wirtschaftswissenschaften, die sich bei der Suche nach einem attraktiven Job beraten lassen möchte.		1
2	… einen englischsprachigen Freund, der eine zweijährige Weiterbildung im Bereich Management machen möchte.		2
3	… eine Studentin im Hauptstudium, die bei einem Unternehmen ein Praktikum als Beraterin absolvieren möchte.		3
4	… einen Bekannten, der seine Diplomarbeit bei einem Unternehmen in den USA schreiben möchte.		4
5	… eine Studienkollegin, die sich für einjährige englischsprachige Masterprogramme interessiert.		5
6	… eine Biologin, die sich bei einer Firma per Mail um eine Stelle bewerben will.		6
7	… einen Archäologie-Studenten, der sein Praktikum in einem Museum machen möchte.		7
8	… eine Studentin, die sich für Ausbildungsmöglichkeiten außerhalb der Universität interessiert.		8
9	… einen Diplomanden, der Betriebswirtschaftslehre studiert und eine eigene Firma gründen möchte.		9
10	… eine Freundin, die ein internationales Master-Studium in den USA absolvieren möchte.		10

A
Qualifizierte Mitarbeiter/innen gesucht
Im März 1994 eröffnete die „Moritz Textilien und Non-Food GmbH" ihre erste Filiale in Düsseldorf. Heute werden 1.400 Filialen in Deutschland und Österreich betrieben. Im kommenden Geschäftsjahr werden 300 neue Filialen eröffnet. Deshalb sucht die Firma qualifizierte Mitarbeiter/innen. Infos und Stellenangebote: www.moritz-textilien.com.

B
Private Hochschule akkreditiert
Die HHL-Leipzig Graduate School of Management erhält als erste private Hochschule in Deutschland von der angesehenen amerikanischen Organisation AACSB die Akkreditierung. Die Auszeichnung spricht für Qualität und Internationalisierung der HHL. Der Anteil ausländischer Studierender liegt bei rund 35 %. Die zweijährigen Master-Studiengänge werden in englischer Sprache durchgeführt. Infos unter www.hhl.de.

C
Alternativen zum Studium
Auf den „Studientagen" in der Messe Nürnberg präsentieren am 2. und 3. 7. private Einrichtungen Alternativen zum Studium. Informationen gibt es sechs Wochen vor der Messe im Internet unter www.studientage.de. Die nächsten „Studientage" finden am 18. und 19. 6. im Mannheimer Landesmuseum für Technik und Arbeit statt.

D
Masterprogramm (MBA)
Wer sich für ein internationales Aufbaustudium in den USA interessiert, sollte sich regelmäßig die Webseite www.topgraduate.com ansehen. Im Herbst wird die World Grade School Tour in verschiedenen Städten Deutschlands Informationsveranstaltungen geben. Wer will, kann auch prüfen, ob für ihn/sie ein Master-Programm (Master of Business Administration) in Frage kommt.

E
Job-Angebote und Praktika
Am 18./19. Mai findet im Messezentrum Nürnberg die „Akademika" statt. Besonders angesprochen sind Ingenieure, Informatiker und Wirtschaftswissenschaftler auf der Suche nach einem Job. Hier präsentieren bekannte Unternehmen aktuelle Job-Angebote und Praktika. Zusätzlich geben Karriereberater kostenlos Job- und Bewerbungstipps. Infos unter www.akademika.de.

F
Englischsprachige Masterprogramme
Die renommierte Business School „NIMBAS Graduate School of Management" startet ab September Masterprogramme in „International Business and Marketing Management" und „Financial Management". Zugangsvoraussetzungen für die in Englisch durchgeführten einjährigen Programme sind ein Bachelor-Studium und gute Englischkenntnisse. Infos unter www.nimbas.edu.

G
Karriere-Termine im Netz
Firmenkontaktmessen für Studierende und Absolvent/innen werden immer wichtiger. Ca. 25 Veranstaltungen jährlich bietet die Messe „Beruf und Karriere" unter www.buk.de. Eine Besonderheit dieser Veranstaltungen: der Online-Bewerbungsservice zur Vorbereitung auf die Firmenkontakte. Unter www.buk-jobportal.de findet man die Job-Angebote von 13 Hochschulen.

H
Karriere als Unternehmensberater
Jeder hat etwas über den Beruf des Unternehmensberaters zu erzählen, aber nur wenige kennen ihn aus eigener Erfahrung. Wenn Sie die ersten Semester Ihres Studiums mit sehr guten Ergebnissen abgeschlossen und Auslandserfahrungen haben, dann sind jetzt ein paar Monate bei Ronald & Partner genau das Richtige für Ihre Karriereplanung. Infos unter www.ronaldundpartner.de.

(380 Wörter)

Museen in Karlsruhe

10'

Sie studieren in Karlsruhe und möchten Freunden aus dem Ausland verschiedene Museen empfehlen, die Sie gemeinsam besuchen können. Schreiben Sie in das Kästchen rechts den Buchstaben für das passende Museum. Jedes Museum kann nur einmal gewählt werden. Es gibt nicht für jeden Wunsch ein geeignetes Angebot. Gibt es kein geeignetes Museum, schreiben Sie bitte den Buchstaben *I*.
Das Angebot im Beispiel kann nicht mehr gewählt werden.

Sie suchen für Ihre Freunde …

01	… ein Museum, in dem man einheimische und exotische Tiere, Pflanzen und Mineralien sehen kann.	*A*	
02	… eine Ausstellung, in der verschiedene asiatische Kunstwerke zu sehen sind.	*I*	
1	… ein Museum, das die Geschichte und die Entwicklung von Verkehrsmitteln zeigt.		1
2	… eines der wichtigsten Museen, das Werke von Künstlern aus verschiedenen europäischen Ländern und Epochen zeigt.		2
3	… ein Museum, in dem die Geschichte Baden-Württembergs zu sehen ist.		3
4	… ein Museum, in dem Sie mehr über die Geschichte der Stadt Karlsruhe erfahren können.		4
5	… ein Kinomuseum, das auch Filme aus den 50er Jahren des 20. Jahrhunderts zeigt.		5
6	… ein Haus, in dem man sich über die Entwicklung der Buchkunst informieren kann.		6
7	… eine Einrichtung, die Kindern ein Ferienprogramm zum Thema Naturschutz anbietet.		7
8	… ein Museum, in dem man etwas über die Entwicklung von Computern erfahren kann.		8
9	… ein Museum, in dem zeitgenössische Kunstwerke der zweiten Hälfte des 20. Jahrhunderts ausgestellt sind.		9
10	… ein Museum, in dem Sie etwas über die Geschichte des Theaters erfahren.		10

A

Staatliches Museum für Naturkunde

Das Karlsruher Naturkundemuseum präsentiert einheimische und exotische Tiere sowie zahlreiche Pflanzen. Gesteine, Mineralien und Fossilien geben Auskunft über die Entstehung der Erde, die Vielfalt und Entwicklung des Lebens. Im Vivarium gibt es zahlreiche Terrarien und Aquarien mit lebenden Tieren.
Erbprinzenstr. 13, 76133 Karlsruhe
www.naturkundemuseum-karlsruhe.de
Di.-Fr. 9.30-17 Uhr, Sa.-So. Feiertage 10-18 Uhr

B

Staatliche Kunsthalle Karlsruhe

Die Staatliche Kunsthalle gehört zu den bedeutendsten und ältesten Museen Deutschlands. Die Sammlung umfasst deutsche, französische und niederländische Malerei der letzten 700 Jahre. Zur Kunsthalle gehören eine der größten Museumsbibliotheken Deutschlands und das älteste deutsche Kinder- und Jugendmuseum.
Hans-Thoma-Straße 2–6, 76133 Karlsruhe
www.kunsthalle-karlsruhe.de, Di.–So. 10–18 Uhr

C

Stadtmuseum im Prinz-Max-Palais

Das Museum präsentiert auf rund 800 Quadratmetern die Karlsruher Stadtgeschichte. Raum-Inszenierungen zeigen Lebensbedingungen und Wohnverhältnisse in verschiedenen Epochen. Architekturmodelle veranschaulichen die Entwicklung und Baugeschichte der Stadt.
Karlstr. 10, 76124 Karlsruhe
www.karlsruhe.de/Kultur/Stadtmuseum
Di.–Fr., So. 10–18 Uhr, Sa. 14–18 Uhr

D

Museum für Neue Kunst / ZMK Karlsruhe

Das Museum für Neue Kunst wurde im Dezember 1999 eröffnet. Hier sind Werke von Künstlerinnen und Künstlern aus Europa und Amerika von 1960 bis heute ausgestellt.
Lorenzstr. 9, 76135 Karlsruhe, www.mnk.zmk.de
Mi. 10–20 Uhr, Do.–So. 10–18 Uhr

E

Badisches Landesmuseum Karlsruhe

Das Badische Landesmuseum ist das große kulturgeschichtliche Museum Badens. Im Karlsruher Schloss sind die Sammlungen der Ur- und Frühgeschichte des Landes, der antiken Kulturen des Mittelmeerraumes sowie der Kunst-, Kultur- und Landesgeschichte vom Mittelalter bis zur Gegenwart ausgestellt.
Schloss, 76131 Karlsruhe, www.landesmuseum.de
Di.–Do. 10–17 Uhr, Fr.–So. 10–18 Uhr

F

Badische Landesbibliothek Karlsruhe

Eine wissenschaftliche Bibliothek, die jährlich in ihren Räumen vier bis fünf Ausstellungen zu den Themen Geschichte und Kultur am Oberrhein, Buchkunst und Bibliotheksgeschichte zeigt.
Erbprinzenstr. 15, 76133 Karlsruhe
www.blb-karlsruhe.de
Mo.–Fr. 8–18 Uhr, Do. 8–20 Uhr,
Sa. 9.30–12.30 Uhr

G

Verkehrsmuseum Karlsruhe

Vom Laufrad zum Auto: Hier können Sie die Entwicklungsgeschichte des Fahrrades und des Autos sehen. Vor allem die große Modelleisenbahnanlage, die jeden Sonntag in Betrieb ist, begeistert nicht nur unsere kleinen, sondern auch unsere großen Besucherinnen und Besucher!
Werderstr. 63, 76173 Karlsruhe, So. 10–13 Uhr
E-Mail: Verkehrsmuseum-Karlruhe@t-online.de

H

Naturschutzzentrum Karlsruhe-Rappenwört

Zum Thema Naturschutz bietet das Zentrum Ausstellungen, Vorträge, Seminare und Führungen für Kinder und Erwachsene an. Auch Erlebnistage für Schulklassen und ein Ferienprogramm für Kinder zählen zu den Programmpunkten des Zentrums. Der Eintritt ist kostenlos.
Hermann-Schneider-Allee 47, 76189 Karlruhe
E-Mail: info@nazka.de
Di.–Fr. 12–18 Uhr, Sa.–So. 11–18 Uhr

(379 Wörter)

Die Welle schafft es

20'

Sie sind so vielseitig wie keine anderen und zugleich ihr eigener Rohstoff. Das macht Verpackungen aus Wellpappe so gefragt wie nie und besonders umweltverträglich. Knapp 70 Prozent aller Transportverpackungen in Deutschland werden aus dem Packstoff mit der charakteristischen Welle hergestellt. In Wellpappe lässt sich Zerbrechliches meterhoch stapeln und Tonnenschweres sicher transportieren. Sie ist leicht und fest, federt Stöße von innen und außen ab. Trotz schwieriger Wirtschaftslage rechnet die Branche auch für dieses Jahr mit einer überdurchschnittlichen Wachstumsrate. Und zwar ohne schlechtes Umweltgewissen. Denn Wellpappe ist einer der wenigen Stoffe, die sich nach Gebrauch vollständig recyceln lassen. Nahezu alle Wellpappen-Verpackungen in Deutschland werden in den Materialkreislauf zurückgeführt. Dadurch werden aus alten Schachteln immer wieder neue.

Eigentlich ist Wellpappe nichts anderes als eine Konstruktion aus Papier, Leim und Luft. Das Geheimnis ihrer Stabilität: die Wellenform einer oder mehrerer Papierlagen, die mit glattem Papier verklebt werden. Die klassische Form des Rundbogens, die sie so tragfähig macht und der Pappe ihre Polsterwirkung gibt, ist bereits seit Jahrhunderten aus dem Bau von Kathedralen und Brücken bekannt. Es war aber nicht die Architektur, sondern der plissierte* Stoff von Halskrausen, der Albert L. Jones 1871 auf die Idee brachte, durch das Falzprinzip nicht nur Textilien, sondern auch Papier elastischer und stabiler zu machen. Nur drei Jahre später entwickelte Oliver Long erstmals einseitige Wellpappe, als er das gewellte Papier mit einem glatten verklebte. Und 1912 erhielt Robert H. Tompson ein Patent für doppelseitige Wellpappe. Dieses Prinzip hat sich bis heute bewährt.

Die modernste und größte Papiermaschine der Welt steht in Wörth. Dort hat die Papierfabrik Palm auf einem 50 Hektar großen Gelände ihre Produktionsanlage errichtet, mit einer Jahreskapazität von 600.000 Tonnen. Kernstück der Anlage ist ein 200 Meter langer Hightech-Koloss, auf dem hochwertige Wellpappen-Rohpapiere in Bahnen von bis zu zehn Metern Breite hergestellt werden – zu 100 Prozent aus Altpapier. Das sind etwa fünf Prozent des in ganz Deutschland gesammelten Altpapiers.

Die Logistik der Fabrikanlage ist perfekt: Der Transport der riesigen Papierrollen geht über Straße, Wasser und Schiene. Die Papierfabrik hat einen eigenen Gleisanschluss, eine Verladestation für Schiffe und liegt in Autobahn-Nähe. Lastwagen, die die Fabrik ver- und entsorgen, müssen durch keine der Gemeinden im Umkreis fahren. Auch sonst setzt die Anlage in Sachen Umweltschutz Standards: Die Papierproduktion ist praktisch geruch- und geräuschlos. Das Wasser, das dafür benötigt wird, stammt aus Brunnen auf dem Betriebsgelände. In einer eigenen biologischen Kläranlage wird es nach Gebrauch gereinigt, filtriert und dann in die Produktion zurückgeführt.

Seit die Papierfabrik Palm 1782 mit der Herstellung begann, ist das Unternehmen in Familienbesitz – inzwischen in der vierten Generation. So gelang es Palm als erster deutschen Papierfabrik schon 1984, auch Zeitungsdruckpapier in hoher Qualität vollständig aus Altpapier zu produzieren. Ehe es zur Pappe mit den Wellen wird, erwartet das Rohpapier aus Wörth dagegen noch eine Reihe von Arbeitsgängen. Zu den Spezialitäten der Palm-Gruppe, die in ihren bundesweit zwölf Werken jährlich 600 Millionen Quadratmeter Wellpappe produziert, zählen unter anderem auch Großbehälter aus Schwerwellpappe. Sie lassen sich selbst durch Füllgewichte von einer Tonne nicht aus der Form bringen.

Die Anforderungen an die Wellpappe werden immer anspruchsvoller. Daher investiert die Unternehmensgruppe laufend in neue Technologien, mit denen sich die raffiniertesten Verpackungen gestalten lassen.

(518 Wörter)

*s Plissee = in schmale Falten gepresster Stoff

Markieren Sie die richtige Antwort (A, B oder C).

(0) Verpackungen aus Wellpappe
Lösung: **B**
A belasten die Umwelt.
B sind leicht und stabil.
C sind nicht leicht transportierbar.

11. Diese Art von Verpackungsmaterial
A kann kaum recycelt werden.
B kann problemlos wiederverwertet werden.
C kann schwer verarbeitet werden.

12. Die Stabilität der Wellpappe
A basiert auf einem besonderen Geheimnis.
B beruht auf einer zufälligen Erfindung.
C entsteht durch ihre Wellenform.

13. Die Plisseeform der Wellpappe
A geht auf die Erfindung von Albert L. Jones zurück.
B hat Robert H. Tompson im Jahr 1912 erfunden.
C wurde von Oliver Long patentiert.

14. In der Papierfabrik Palm in Wörth
A steht die größte Produktionsanlage der Welt.
B werden ca. fünf Prozent des Altpapiers in Deutschland wiederverwertet.
C werden fünf Prozent der Wellpappe als Altpapier hergestellt.

15. Für die Papierproduktion
A muss ein eigener Brunnen zur Verfügung stehen.
B wird das verbrauchte Wasser biologisch geklärt.
C wird das Wasser aus dem nahegelegenen See entnommen.

16. Die Firma Palm ist in der Branche bekannt
A durch die Anwendung traditioneller Produktionsverfahren.
B durch die Entwicklung von Zeitungsdruckpapier aus Altpapier.
C durch Produktionsverfahren bei der Herstellung von Druckpapier.

17. Zu den speziellen Produktbereichen der Palm-Gruppe
A gehört die Herstellung von Briefpapier.
B zählt die Herstellung von gefärbtem Papier.
C zählt die Herstellung von Großbehältern.

18. Wellpappenverpackungen sind so stabil,
A dass sie nicht in den Materialkreislauf zurückgeführt werden können.
B dass sie nicht zu jeder Form und Größe verarbeitet werden können.
C dass sie sogar Füllgewichte von einer Tonne umfassen können.

19. Die Palm-Unternehmensgruppe investiert in neue Technologien,
A weil sie die Qualität der Wellpappenverpackung erhöhen will.
B weil sie künftig kein Altpapier mehr verwenden will.
C weil sie neue Produktionszweige aufbauen will.

20. Der Bedarf an Transportverpackungen aus Wellpappe
A wird in Deutschland kontinuierlich zunehmen.
B wird nicht nur in Deutschland, sondern auch weltweit stagnieren.
C wird wegen der schlechten Wirtschaftslage zurückgehen.

Strategietraining

Für den Lesetext 2 haben Sie ca. 20 Minuten Zeit. Sie lesen einen sprachlich und inhaltlich komplexen Text (450 – 600 Wörter) und bearbeiten dazu zehn Items. Der Text enthält studienbezogene bzw. fächerübergreifende wissenschaftliche Themen, die journalistisch aufgearbeitet sind. Fachbegriffe, die das Verständnis erschweren, werden entweder paraphrasiert oder in Fußnoten erklärt.

Ihre Aufgabe besteht darin, Hauptaussagen sowie Einzelinformationen zu entnehmen, Aussagen zu vergleichen und die Gesamtaussage des Textes zu verstehen. Bei den zehn Items sind jeweils drei Auswahlmöglichkeiten gegeben. Nur eine Aussage ist richtig.

In der Regel folgen die Items dem Textverlauf. Im Folgenden zeigen wir Ihnen Schritt für Schritt, wie Sie sich auf den Lesetext 2 vorbereiten können.

Schritt 1

Den Items geht ein Beispiel voran, das mit (0) markiert ist.
Lesen Sie die Aufgabenstellung und das Beispiel genau durch.

Die Aufgabenstellung und das Lösungsbeispiel in diesem Übungstest lauten:

Markieren Sie die richtige Antwort (A, B oder C).

(0) Verpackungen aus Wellpappe
Lösung: **B**
A belasten die Umwelt.
B sind leicht und stabil.
C sind nicht leicht transportierbar.

Die Informationen zur Aufgabe (0) stehen im ersten Textabschnitt:

Sie sind so vielseitig wie keine anderen und zugleich ihr eigener Rohstoff. Das macht Verpackungen aus Wellpappe so gefragt wie nie und besonders umweltverträglich. [...] In Wellpappe lässt sich Zerbrechliches meterhoch stapeln und Tonnenschweres sicher transportieren. Sie ist leicht und fest, federt Stöße von innen und außen ab.

Erklärung: Der Satz „Verpackungen aus Wellpappe sind leicht und stabil“ entspricht der Textaussage „Sie ist leicht und fest“, wobei das Pronomen „sie“ sich auf „Wellpappe“ bezieht.

Schritt 2

Lesen Sie in Item 11 die drei Auswahlmöglichkeiten. Markieren Sie die Schlüsselwörter.

11. Diese Art von Verpackungsmaterial
- A kann kaum recycelt werden.
- B kann problemlos wiederverwertet werden.
- C kann schwer verarbeitet werden.

Lesen Sie den Text nun weiter und finden Sie die Textstelle, in der es um die Aussage des Items 11 geht. Markieren Sie die Schlüsselwörter in der Textstelle. Wenn Sie nicht genau wissen, welche Antwort richtig ist, vergleichen Sie die Schlüsselwörter in den Antworten A, B und C mit den Schlüsselwörtern in der Textstelle.

TIPP *Notieren Sie die Nummer des Items an der passenden Textstelle. Dann können Sie am Ende schneller kontrollieren.*

Trotz schwieriger Wirtschaftslage rechnet die Branche auch für dieses Jahr mit einer überdurchschnittlichen Wachstumsrate. Und zwar ohne schlechtes Umweltgewissen. Denn Wellpappe ist einer der wenigen Stoffe, die sich nach Gebrauch vollständig recyceln lassen.

Lösung: **B**

Erklärung: Die Schlüsselwörter „problemlos wiederverwertet" sind synonym zur Textaussage „vollständig recyceln lassen".

TIPP *In den Auswahlantworten müssen Sie erkennen, welcher Wortlaut dem Textinhalt entspricht. Deshalb ist es wichtig, auf Synonyme oder Umschreibungen zu achten.*

Antwort A ist falsch, weil die Schlüsselwörter „kaum recycelt" das Gegenteil der Textaussage „vollständig recyceln" ausdrücken.

Antwort C ist falsch, weil die Schlüsselwörter „schwer verarbeitet" einen anderen Sinn als die Textaussage „vollständig recyceln" ausdrücken.

Schritt 3

Bearbeiten Sie die Items 12 bis 19 in der gleichen Weise. Halten Sie sich nicht zu lange an einem einzelnen Item auf. Wenn Sie sich nicht ganz sicher sind, kreuzen Sie trotzdem eine Antwort an. Setzen Sie aber ein Fragezeichen dahinter.

TIPP *Wenn Sie das Übungsformat schon besser kennen, beginnen Sie direkt mit dem Item 11, um Zeit zu sparen.*

Schritt 4

Lesen Sie die Aussagen in Item 20, die sich auf den gesamten Text, die generelle Textaussage oder einen größeren Zusammenhang bezieht. Markieren Sie die Schlüsselwörter.

20. Der Bedarf an Transportverpackungen aus Wellpappe
A wird in Deutschland kontinuierlich zunehmen.
B wird nicht nur in Deutschland, sondern auch weltweit stagnieren.
C wird wegen der schlechten Wirtschaftslage zurückgehen.

Markieren Sie jetzt die Stellen im Text, die etwas über den „Bedarf an Transportverpackungen" aus Wellpappe aussagen, und vergleichen Sie sie mit den Antworten.

Trotz schwieriger Wirtschaftslage rechnet die Branche auch für dieses Jahr mit einer überdurchschnittlichen Wachstumsrate.

Lösung: **A**

Erklärung: Eine „überdurchschnittliche Wachstumsrate" setzt voraus, dass der Bedarf „kontinuierlich zunehmen" wird.

Schritt 5

a) Bearbeiten Sie jetzt die Items mit den Fragezeichen.
b) Kontrollieren Sie am Ende Ihre Lösungen.

Übungen

Die folgenden Übungen dienen der Vorbereitung auf den Lesetext 2. Sie trainieren hier, Wörter, Sachverhalte oder Sätze zu erklären, zu umschreiben oder aber das Gegenteil auszudrücken.

1. Paraphrasierungen von Mengenangaben

Erklären oder umschreiben Sie die folgenden Mengenangaben.

a) knapp 70 %: *etwas weniger als 70 %*
b) mehr als die Hälfte: ______
c) gut ein Viertel: ______
d) die überwiegende Mehrheit: ______
e) kaum jemand: ______

2. Synonyme / Umschreibungen

Wie kann man die folgenden Sätze / Satzteile / Sachverhalte anders formulieren?

a) Das macht Verpackungen aus Wellpappe so gefragt wie nie.

Verpackungen sind jetzt besonders beliebt / populär.

b) Die Branche rechnet mit einer überdurchschnittlichen Wachstumsrate.

____

c) Nahezu alle Wellpappenverpackungen [...] werden in den Materialkreislauf zurückgeführt.

____

d) Dieses Prinzip hat sich bis heute bewährt.

____

e) Die Anforderungen an die Wellpappe werden immer anspruchsvoller.

____

3. Komposita

Lösen Sie die folgenden Komposita auf.

a) Transportverpackungen: *Verpackungen für den Transport*

b) (überdurchschnittliche) Wachstumsrate: ______________________________

c) Wellpappen-Verpackungen: ______________________________

d) Materialkreislauf: ______________________________

e) Zeitungsdruckpapier: ______________________________

4. Oppositionen

Formulieren Sie die gegenteilige Aussage.

a) Verpackungen aus Wellpappe sind so vielseitig wie keine anderen.

Verpackungen aus Wellpappe haben nur eine Funktion.

b) Das macht Verpackungen aus Wellpappe so gefragt wie nie.

____

c) Die Papierproduktion ist praktisch geruch- und geräuschlos.

____

d) Die Anforderungen an die Wellpappe werden immer anspruchsvoller.

____

Büffeln ohne Ballast

20'

Wenn die Prüfung naht, beginnt für viele der Ausnahmezustand. Die Freunde hat man schon lange nicht mehr gesehen, die Nachrichten auch nicht, und in der Küche stapeln sich Berge von Geschirr. Noch vier Wochen bis zur Prüfung: zehn Stunden am Tag hinter den Büchern! Nicht immer folgt auf das Bemühen auch die Belohnung. „Studierende, die in Prüfungen nicht bestanden haben, berichteten oft, dass sie sehr viel gelernt hätten", sagt Martin Schuster, Psychologe und Experte für Lerntechniken von der Universität Köln. Um eine schwere Prüfung zu bestehen, müssen gute Lernstrategien mit einer vernünftigen Zeitplanung zusammenkommen.

Lernen fängt mit dem Verstehen an. Gerade wenn die Zeit knapp ist, ist es verlockend, nur noch zu pauken. Das ist ein Fehler. „Auswendiglernen hat zwar seinen Platz im Lernprozess", sagt Andreas Gold, Lernforscher und Professor an der Universität Frankfurt am Main. „Aber nur zur Festigung dessen, was vorher verstehend gelernt wurde." Der Stoff muss am Anfang durchdacht und innerlich durchdiskutiert werden. Zwei Arten von Strategien helfen dabei: Reduktiv geht derjenige vor, der mit dem Textmarker das Wichtigste unterstreicht. Aber auch, wer sich eine Skizze oder ein Schaubild anfertigt, wirft überflüssigen Ballast fort. Das Gegenstück zum Vereinfachen und Aussortieren ist das so genannte elaborative Lernen. Dabei soll das neue Wissen mit dem bereits vorhandenen Vorwissen verknüpft und so besser verankert werden. Elaborativ lernen bedeutet zum Beispiel, Fragen an den Text zu stellen und dort Antworten zu suchen, nach Beispielen zu fahnden oder zu überlegen, wo das neue Wissen praktisch eingesetzt werden könnte. Nützlich ist es auch, eine Zusammenfassung in eigenen Worten zu schreiben.

Beim Lesen und Verstehen von Fachliteratur hilft eine Reihe von Techniken dabei, nicht an Nebensächlichkeiten hängen zu bleiben oder den Stoff nur oberflächlich wahrzunehmen. Zum Beispiel nicht gleich vorne anfangen zu lesen, sondern sich erst einmal einen Überblick verschaffen. Was verraten Vorwort, Klappentext, Inhaltsverzeichnis und Überschriften? Was steht in der Zusammenfassung? Anschließend formuliert der Leser Fragen an den Text. In welchem Verhältnis steht der Text zum Thema, an dem er gerade arbeitet? Dann wird abschnittsweise gelesen: Wie lauten die Hauptaussagen? Was ist unklar? Werden die Fragen beantwortet, die ich am Anfang formuliert habe? In diesem Abschnitt können auch neue Fragen aufgenommen werden. Anschließend rekapituliert man das Gelesene, fasst den Text in eigenen Worten zusammen, notiert die wichtigsten Aspekte und die Antworten auf die vorher gestellten Fragen. Beim letzten Schritt, dem Rückblick, prüft man schließlich, ob man die Aussagen richtig zusammengefasst hat, und geht unklare Stellen noch einmal durch.

Pauken muss jedoch trotz allem sein. Wiederholungen müssen von Anfang an eingeplant werden. Es bringt nichts, immer mehr Stoff in sich hineinzufressen und erst nach Tagen mit dem Repetieren zu beginnen. Ebenso unsinnig ist es aber, zum Beispiel Vokabeln an einem einzigen Tag zigmal zu wiederholen und sie dann nie wieder anzuschauen. Experten raten zum so genannten verteilten Lernen. Man unterteilt den Stoff in sinnvolle Abschnitte und wiederholt jeden Abschnitt im Laufe der Zeit mehrere Male.

Die besten Lernstrategien nützen wenig, wenn am Ende die Zeit zu knapp ist. Deshalb muss am Anfang ein realistischer Zeitplan stehen. „Viele verschätzen sich enorm", beobachtet Helga Knigge-Illner von der psychologischen Beratung der Freien Universität Berlin. Ihr Rat: Ehrlich prüfen, wie lange man konzentriert arbeiten kann. Von der realistisch eingeschätzten Arbeitszeit nur zwei Drittel konkret verplanen; und auf gar keinen Fall vergessen, dass man Einkaufen und auch mal Freunde treffen will!

(554 Wörter)

Markieren Sie die richtige Antwort (A, B oder C).

(0) Wie kann man eine schwere Prüfung bestehen?
Lösung: **A**
A Durch einen guten Zeitplan und effektive Lernstrategien.
B Durch Pauken: vier Wochen zehn Stunden am Tag lernen.
C Durch sportliche Aktivität und Entspannungsübungen.

11. Wofür ist Auswendiglernen sinnvoll?
A Um das bereits Gelernte zu festigen.
B Um das Kurzzeitgedächtnis zu trainieren.
C Um den Lehrstoff schnell zu lernen.

12. Was ist eine reduktive Lernstrategie?
A Die wichtigsten Inhalte markieren.
B Möglichst reduziert lernen.
C Soviel wie möglich lesen.

13. Was passt zum elaborativen Lernen?
A Eine Zusammenfassung des gelernten Stoffes zu schreiben.
B Kontinuierlich Vokabeln lernen zu müssen.
C Sich Fragen nach dem Sinn zu stellen.

14. Warum helfen Techniken beim Lesen und Verstehen von Fachliteratur?
A Weil dadurch Vokabeln lernen unnötig wird.
B Weil man konzentrierter und schneller lernen kann.
C Weil man nicht an Nebensächlichkeiten hängen bleibt.

15. Wie verschafft man sich den Überblick?
A Man formuliert Fragen an den Text und liest ihn anschließend.
B Man liest den ganzen Text und schreibt eine Zusammenfassung.
C Man orientiert sich an Informationsquellen, z.B. an den Überschriften.

16. Was muss man beim letzten Schritt, dem Rückblick berücksichtigen?
A Ob man den ganzen Text verstanden hat.
B Ob man den Text korrekt zusammengefasst hat.
C Ob man tatsächlich alles gelesen hat.

17. Warum spielen Wiederholungen eine große Rolle?
A Weil man sonst nicht effektiv lernen kann.
B Weil man so weniger Stoff aufnehmen muss.
C Weil sie das Kurzzeitgedächtnis trainieren.

18. Was versteht man unter dem so genannten verteilten Lesen?
A Den Stoff in Abschnitte unterteilen und jeden Abschnitt mehrmals wiederholen.
B Den Stoff konzentriert lesen und ihn nach zwei bis vier Wochen wiederholen.
C Den Stoff nach bestimmten Aspekten ordnen und diese durchdenken.

19. Wieso verschätzen sich viele im Zeitplan?
A Weil sie die Alltagsaufgaben mit einbeziehen.
B Weil sie ihren Zeitplan zu eng gestalten.
C Weil sie sich oft unterschätzen.

20. Was sollte man bei der Prüfungsvorbereitung vermeiden?
A Den Stoff im Laufe der Zeit mehrmals zu wiederholen.
B Etwa zwei Wochen vor der Prüfung mit dem Lernen zu beginnen.
C Fragen an den Text zu formulieren und sie zu beantworten.

Die Hände reden, die Augen hören

20'

Sven scheint fast jeden zu kennen, der ihm begegnet: Die zum Gruß erhobene Hand gilt sowohl dem Passanten auf der gegenüberliegenden Straßenseite als auch dem in seinen Streifenwagen einsteigenden Polizisten. Sven sitzt im Rollstuhl und verständigt sich neben seiner ausgeprägten Mimik und Gestik mit Gebärden. Und hier in Wilhelmsdorf verstehen ihn die Menschen. Er kann sich selbstverständlich bewegen, kann allein den Weg von seiner Wohnung zum Arbeitsplatz in der Werkstatt bewältigen, Spaziergänge durch den Ort machen und auch Einkäufe erledigen. „Für mich ist es nichts Besonderes“, lacht die Brötchenverkäuferin, die mit Sven in Gebärdensprache kommuniziert hat. Ein Großteil der 2500 Einwohner ist hör-/sprachgeschädigt und in verschiedener Weise behindert. Im Straßenbild fällt es also nur den Fremden auf, dass in Gruppen vorüberziehende Menschen heftig gestikulieren. Hier ist einer der zwölf Standorte der Zieglerschen Anstalten. Im Hör-/Sprachzentrum finden sich Beratung und Behandlung, ein Sprachheilkindergarten sowie Real- und Hauptschulzweige.

Für die gebärdenden Menschen bedeutet in Wilhelmsdorf zu leben „Freiheit“, denn sie können sich zwanglos bewegen – ohne befürchten zu müssen, angestarrt zu werden. Doch gerade Menschen, die nichts hören, haben häufig ein gestörtes Vertrauensverhältnis. „Nichts ist schlimmer als nicht verstanden zu werden!“, erläutert Stefan Geiger, Heilpädagoge und Leiter der Beratungsstelle für Kommunikationsförderung.

Die Betreuung der Menschen mit geistiger Behinderung in Kombination mit einer Hör-/Sprachbehinderung ist einer der Schwerpunkte der heilpädagogischen Arbeit in der Behindertenhilfe. Intensiv gelebt und gepflegt wird auch eine spezielle Gebärdensprache, in der man sich verständigt. Obwohl es nicht schwer ist, die bildhaften Buchstaben und Vokabeln zu lernen, kann man die Gebärdensprache schlecht theoretisch erwerben. Man lernt sie, indem man sie benutzt. Bettina Rahn, ebenfalls Heilpädagogin, bestätigt: „Am Anfang ist es ganz komisch mit den Gebärden.“ Doch der Umgang mit den Menschen, die in der Gebärdensprache kommunizieren, lehrt rasch die Normalität. Das hat auch die zwanzigjährige Silke Gerwig, die ihr Freiwilliges Soziales Jahr in Svens Wohngruppe leistet, erfahren: „Erstmal verstehst du gar nichts. Nach vier Wochen konnte ich's dann schon einigermaßen und jetzt klappt es in der Gruppe ganz gut.“ Und wer glaubt, dass diese Kommunikation erhebliche Einschränkungen mit sich bringt, wird erleben, wie kreativ und schöpferisch der Umgang mit der Gebärdensprache sein kann. So werden Namen recht frei in Gebärden übersetzt – manchmal so deutlich, dass es wirklich keine Zweifel gibt. Sven ist ein wahrer Experte der Gebärdensprache. Seine Kompetenz wird beispielsweise bei Seminaren, in denen die Gebärdensprache vermittelt wird, eingesetzt, indem er die Gebärden-Schüler korrigiert. Das trägt zu seinem Selbstbewusstsein bei und gibt den Schülern die Möglichkeit, die Gebärdensprache authentisch zu erlernen.

Stefan Geiger arbeitet nicht nur mit Behinderten, er bietet auch Seminare für Eltern und Geschwister an. Eines seiner neuen Projekte beschäftigt sich mit Geschwistern von behinderten Kindern, die im familiären Alltag häufig ins Hintertreffen geraten: Während eines Segelwochenendes bekommen sie Gelegenheit, miteinander ins Gespräch zu kommen. Geiger bringt die Intention seiner Arbeit so auf den Punkt: „Es ist der Vernetzungsgedanke, dem ich nachhänge. Mein Wunsch wäre ein Ausbau der Kooperation zwischen den therapeutischen Institutionen, d.h. zwischen Praxen und Kliniken. Ich wünsche mir, dass es mehr Beratungsstellen mit ähnlichen Kompetenzen gäbe.“ Er bezieht auch zur Situation von Familien mit behinderten Angehörigen Position: „Die Familie sollte mehr mit einbezogen werden in die Betrachtung, Beurteilung und Betreuung des behinderten Menschen.“

(528 Wörter)

Markieren Sie die richtige Antwort (A, B oder C).

(0) Sven kommuniziert mit anderen Menschen durch
Lösung: **B**
A Blickkontakte und Gestik/Kopfbewegungen.
B Gestik mit Gebärden und Mimik.
C Halblaute und Mimik.

11. In Wilhelmsdorf gibt es
A Freizeitzentren für junge Menschen.
B nicht viele hör-/sprachgeschädigte Menschen.
C Schulen und Zentren für Hör- und Sprachgeschädigte.

12. Hör-/Sprachgeschädigte Menschen fühlen sich in Wilhelmsdorf wohl,
A weil die Stadt klein und übersichtlich ist.
B weil sie sich diesen Ort selbst ausgewählt haben.
C weil sie sich frei und ungezwungen bewegen können.

13. Bestandteil der heilpädagogischen Arbeit in der Behindertenhilfe ist
A die Ausbildung von Lehrern in der Zeichensprache.
B die Förderung und Pflege einer speziellen Gebärdensprache.
C die Vereinheitlichung der Zeichensprache in Deutschland.

14. Die Gebärdensprache ist
A in der Praxis schnell erlernbar.
B nur mit Hilfe von Büchern erlernbar.
C zeitaufwändig und schwierig zu lernen.

15. Die Gebärdensprache
A bietet Raum für kreative Kommunikation.
B bringt Probleme bei der Kommunikation mit sich.
C kann sprachliche Kommunikation nicht ersetzen.

16. Svens Kompetenz in der Gebärdensprache
A dient dazu, Lehrerinnen und Lehrer zu korrigieren.
B ist den Seminarteilnehmern schwer zu vermitteln.
C wird bei Seminaren eingesetzt, in denen Gebärdensprache unterrichtet wird.

17. Stefan Geiger bietet Seminare für
A den Austausch mit Kindern und Jugendlichen an.
B Familienangehörige Hör- und Sprachgeschädigter an.
C Kinder- und Jugendtherapeuten an.

18. Unter dem Begriff „Vernetzungsgedanke" versteht Stefan Zweiger
A den Austausch zwischen Fachkollegen und Laien.
B die Zusammenarbeit mit Schulen und Kindergärten.
C die Zusammenarbeit unterschiedlicher therapeutischer Institutionen.

19. Stefan Geiger ist der Meinung, dass Angehörige von Behinderten
A einen Plan mit ihnen zusammen machen sollen.
B mit ihnen gemeinsam einkaufen gehen sollen.
C stärker in den Prozess einbezogen werden sollen.

20. Die Zieglerschen Anstalten verfügen über
A Freizeitzentren für Hör- und Sprachgeschädigte.
B Krankenhäuser für Hör- und Sprachgeschädigte.
C Schulen für Hör- und Sprachgeschädigte.

20'

Trompeten wie Presslufthämmer

Zoologen erforschen die Sprache der Elefanten

Wenn Abu und Mongu spielen, sieht es wie ein Zweikampf aus. Als der dreijährige Abu die Oberhand gewinnt, hat Mongu, seine einjährige Spielkameradin, genug: Ein tiefes Röhren dringt aus ihrer Kehle. „Eindeutig ein Protestruf", diagnostiziert Angela Stöger-Horwath, die seit drei Jahren sieben afrikanische Steppenelefanten im Wiener Zoo Schönbrunn belauscht. Mit der Abhöraktion will sie die Entwicklung der Elefantensprache verstehen. Zehn Grundtöne hat die Elefantenforschung bisher identifiziert. Man schätzt, dass sich das Elefanten-Abc auf etwa insgesamt 70 Töne beläuft.

Jeder Laut ist an ein bestimmtes Verhalten gebunden. Lautes Trompeten kann sowohl Freude als auch Angst ausdrücken – je nachdem, ob das Tier heftig mit den Ohren flattert, was Freude beim Begrüßen von Artgenossen ausdrückt, oder die Lauscher abspreizt, beispielsweise bei Angst vor einer Löwen-Attacke. Beim Versuch, sich Gehör zu verschaffen, nehmen die Elefanten auch die Beine zu Hilfe und stampfen und klopfen damit auf den Boden. Elefanten müssen ihre Lautsprache mühsam erlernen. Das gilt insbesondere für die tiefen Töne im Infraschallbereich, mit denen sie sich ihres gegenseitigen Wohlbefindens versichern, auf Wasserquellen hinweisen oder vor Gefahren warnen. Der Mensch kann solche Frequenzen unter 20 Hertz nicht hören. Daher rätselte man lange Zeit, wie es Elefanten schaffen, über kilometerweite Entfernungen zueinander zu finden oder ohne Sichtkontakt im Gleitschritt zu marschieren.

Als Erste kam die amerikanische Biologin Kathy Payne vor zwanzig Jahren der bis dahin geheimen Sprache auf die Spur. Im Zoo von Portland spürte sie in der Nähe des Elefantengeheges ein seltsames Pochen. Wie die Basstöne einer Orgel bringen die Infraschallrufe der Elefanten die Luft stark zum Vibrieren, so dass sie dies körperlich fühlte. Dank Paynes Untersuchungen weiß man heute, dass Elefanten bevorzugt mit tiefen Tönen kommunizieren. Über zwei Drittel aller Laute liegen im Infraschallbereich. Anders als hohe Töne dringen die Infraschallrufe schätzungsweise bis zu zehn Kilometer durch die Savanne – und werden deshalb für elefantöse Ferngespräche genutzt. Dabei gibt es Haupt- und Nebenzeiten: Vor allem wenn die Temperaturen sinken und der Wind nachlässt, bildet sich in Bodennähe ein hellhöriger Schallkanal. Die Elefanten schicken 96 Prozent aller Infraschallsignale in den kühlen Stunden der Morgen- und Abenddämmerung auf den Weg. Mit der Lautstärke eines Presslufthammers (112 Dezibel) breiten sich die Schwingungen nicht nur durch die Luft, sondern auch durch den Boden aus. Wahrscheinlich nehmen die Elefanten sie durch vibrationsempfindliche Organe an Zehen und Füßen wahr.

Je nach ihrer Herkunft sprechen Elefanten sogar unterschiedliche Dialekte. Wie Versuche zeigen, reagieren sie auf die Rufe bekannter Artgenossen interessierter, als wenn sich ein unbekanntes Tier zu Wort meldet. Selbst aufgezeichnete Stimmen längst toter Elefantenfreunde werden wiedererkannt. Wie sich solche Sprachgewohnheiten entwickeln, versucht Angela Stöger-Horwath anhand von Abu und Mongu herauszufinden. Vom ersten Tag an hat sie ihre Sprachversuche verfolgt – ein weltweit einzigartiges Projekt, das in freier Wildbahn so nicht möglich ist. „Der Wortschatz von jungen Elefanten ist sehr bescheiden", sagt die Wiener Zoologin.

Während in Wien die Sprachentwicklung von Elefanten dokumentiert wird, versuchen die Forscher in freier Wildbahn praktischen Nutzen aus ihren Lauschangriffen zu ziehen. Kathy Payne will damit die Zahl der afrikanischen Waldelefanten bestimmen. Die Schätzungen schwanken zwischen 24 000 und 209 000. Die Analyse soll genau Aufschluss darüber geben, wie viele Männchen, Weibchen, Alte und Junge es gibt. Das Wissen über die Infraschallkommunikation könnte sogar helfen, Nationalparks elefantengerecht maßzuschneidern – und die Tiere zu erziehen. Noch schlagen sie auf der Suche nach Futter Schneisen der Verwüstung in die Landschaft. Allein in Botswana beträgt der durch Elefanten verursachte Ernteausfall jährlich eine Million Euro. Wo bislang weder elektrische Zäune noch Feuer die gefräßigen Riesen (Tagesbedarf: 200 Kilogramm) abhielten, könnten Lautsprecher aufgestellt werden, über die die tierischen Eindringlinge im Elefantenjargon zum Rückzug aufgefordert würden.

(595 Wörter)

Markieren Sie die richtige Antwort.

		Ja	Nein	Text sagt dazu nichts
(01)	Die Forscherin Angela Stöger-Horwath hat in den letzten drei Jahren die Sprache der Elefanten entdeckt.			X
(02)	Den Forschern ist es noch nicht gelungen, die Grundtöne in der Elefantensprache ausfindig zu machen.		X	
21	Die Körpersprache der Elefanten ist ausschlaggebend für die eindeutige Identifizierung eines Lautes.			
22	Elefanten ist die Lautsprache angeboren, so dass sie von klein auf miteinander kommunizieren können.			
23	Kathy Payne konnte auf die Luftvibrationen aufmerksam werden, die durch im Infraschallbereich liegende Elefantenrufe erzeugt werden, weil sie selbst Orgel spielte.			
24	Elefanten fällt es schwer, hohe Töne zu erzeugen, deshalb liegen zwei Drittel ihrer Laute im Infraschallbereich.			
25	Die Wetterverhältnisse spielen eine wichtige Rolle bei der Elefantenkommunikation.			
26	Es ist undenkbar, dass Elefanten die sich durch den Boden verbreitenden Schwingungen über bestimmte Organe wahrnehmen.			
27	Dadurch, dass Elefanten aufeinander angewiesen sind, reagieren sie mit größerem Interesse bei Lauten ihrer Artgenossen.			
28	Eine derartige Untersuchung, wie sie hier dargestellt wurde, wäre in der freien Natur nicht durchführbar.			
29	Die Forschungsergebnisse dienen als Mittel zur Bestimmung der Anzahl der Waldelefanten in Afrika.			
30	Wahrscheinlich ist mit Hilfe der Infraschallkommunikation die Verwüstung landwirtschaftlicher Flächen nicht zu verhindern.			

Strategietraining

Für den Lesetext 3 haben Sie ca. 20 Minuten Zeit. Sie lesen einen sprachlich und inhaltlich komplexen Text (550–650 Wörter) und bearbeiten dazu zehn Items. Der Text behandelt ein wissenschaftliches Thema. Fachbegriffe, die das Verständnis erschweren, werden im Text paraphrasiert oder in Fußnoten erklärt. Ihre Aufgabe besteht darin, dem Text Hauptaussagen sowie detaillierte und implizite Einzelinformationen zu entnehmen, Aussagen zu vergleichen und die Gesamtaussage des Textes zu verstehen.

Bei den zehn Items sollen Sie überprüfen, ob die darin gemachten Aussagen richtig *(Ja)* oder falsch *(Nein)* sind oder ob der Text dazu keine Informationen enthält *(Text sagt dazu nichts)*. Manche Items beziehen sich auf konkrete Aussagen im Text, andere auf die Aussage eines ganzen Abschnitts. Es ist nur eine Antwort richtig. Es ist nicht notwendig, dass Sie jedes Wort im Text verstehen. Konzentrieren Sie sich auf die Lösung der Items. Entscheidend ist dabei, ob der Text die gefragten Informationen enthält. Es ist nicht wichtig, ob Sie der Aussage zustimmen oder die Aussage im Allgemeinen richtig ist.

In der Regel folgen die Items dem Textverlauf. Im Folgenden zeigen wir Ihnen Schritt für Schritt, wie Sie sich auf den Lesetext 3 vorbereiten können.

Schritt 1

Den Items gehen zwei Beispiele voran, die mit (01) und (02) markiert sind.
Lesen Sie die Aufgabenstellung und die Beispiele genau durch. Markieren Sie die Schlüsselwörter.

TIPP *Versuchen Sie die folgenden Fragen beim Bearbeiten zu beantworten:*
Was ist die Hauptaussage des Items? Welche Entsprechung findet sich im Text?

Die Aufgabenstellung und das Lösungsbeispiel 1 in diesem Übungstest lauten:

		Ja	Nein	Text sagt dazu nichts
(01)	Die Forscherin Angela Stöger-Horwath hat in den letzten drei Jahren die Sprache der Elefanten entdeckt.			X

Lösung: Text sagt dazu nichts

Die Antwort zur Aussage (01) lässt sich mit dem folgenden Textabschnitt finden:

„Eindeutig ein Protestruf“, diagnostiziert Angela Stöger-Horwath, die seit drei Jahren sieben afrikanische Steppenelefanten im Wiener Zoo Schönbrunn belauscht. Mit der Abhöraktion will sie die Entwicklung der Elefantensprache verstehen.

Erklärung: Es gibt keine Angaben zum Sachverhalt, auf die sich die Aussage bezieht. Item und Text geben Informationen über die Sprache der Elefanten. Das Item enthält die Aussage, dass die Forscherin Stöger-Horwath „die Sprache der Elefanten entdeckt" hat. Thema des Textes jedoch ist, dass sie „seit drei Jahren" an der „Entwicklung der Elefantensprache" forscht. Es fehlen Informationen, ob sie die Elefantensprache entdeckt hat.

TIPP *Wenn Sie zu einem Schlüsselwort keine passende Information finden, kann das ein Hinweis sein, dass die Lösung* Nein *oder* Text sagt dazu nichts *lautet. Sie müssen sehr genau lesen und Einzelheiten genau verstehen, um zu entscheiden, ob eine bestimmte Aussage im Item zu der entsprechenden Textstelle im Widerspruch steht oder nichts darüber gesagt wird.*

Lösungsbeispiel 2:

		Ja	Nein	Text sagt dazu nichts
(02)	Der Forscherin ist es noch nicht gelungen, die Grundtöne in der Elefantensprache ausfindig zu machen.		X	

Lösung: Nein

Die Antwort zur Aussage (02) lässt sich bei folgender Textstelle finden:

Zehn Grundtöne hat die Elefantenforschung bisher identifiziert.

Erklärung: Die Aussage des Items (02) widerspricht der Aussage im Text. Thema des Items und der Textstelle sind die „Grundtöne der Elefantensprache". Im Item heißt es, es sei „noch nicht gelungen, Grundtöne ausfindig zu machen". Die Schlüsselwörter des Textes machen jedoch deutlich, dass bisher zehn Grundtöne identifiziert wurden.

Schritt 2

Lesen Sie das Item 21 und markieren Sie die Schlüsselwörter.

21	Die Körpersprache der Elefanten ist ausschlaggebend für die eindeutige Identifizierung eines Lautes.			

Überfliegen Sie den Anfang des Textes. Ignorieren Sie dabei die Textstelle, die die Lösungen der Musterbeispiele enthält. Finden Sie die Textstelle, bei der Wörter mit ähnlicher Bedeutung – Synonyme / Umschreibungen – stehen und markieren Sie diese. Um Item und Text miteinander zu vergleichen, sollten Sie immer den ganzen Satz oder Absatz lesen. Sie müssen den Kontext nachvollziehen können. Die Zuordnung von synonymen Wörtern ist nur ein Schritt bei der Lösung des Items. Achten Sie auch auf Elemente, die den Text strukturieren, auf logische Verknüpfungen und Satzverbindungen.

TIPP *Wenn Sie ein wichtiges Wort nicht verstehen, lesen Sie noch einmal den Satz vor und nach diesem Wort genau und versuchen Sie die Bedeutung des Wortes im Kontext zu erschließen.*

Textstelle:

Jeder Laut ist an ein bestimmtes Verhalten gebunden. Lautes Trompeten kann sowohl Freude als auch Angst ausdrücken – je nachdem, ob das Tier heftig mit den Ohren flattert, was Freude beim Begrüßen von Artgenossen ausdrückt oder die Lauscher abspreizt, beispielsweise bei Angst vor einer Löwen-Attacke. Beim Versuch, sich Gehör zu verschaffen, nehmen die Elefanten auch die Beine zu Hilfe und stampfen und klopfen damit auf den Boden.

TIPP *Wenn Sie die Schlüsselwörter mit denen der Textstelle vergleichen, notieren Sie die Nummer des Items an die passende Textstelle. So kontrollieren Sie am Ende schneller Ihre Lösungen.*

Kreuzen Sie die richtige Antwort an.

		Ja	Nein	Text sagt dazu nichts
21	Die Körpersprache der Elefanten ist ausschlaggebend für die eindeutige Identifizierung eines Lautes.	X		

Lösung: Ja

Erklärung: Die Aussage in Item 21 stimmt mit der des Textabschnitts überein. Im Item und in der Textstelle geht es darum, dass „jeder Laut an ein bestimmtes Verhalten gebunden" ist, das sich in der Körpersprache ausdrückt, wie z. B. Freude oder Angst.

TIPP *Wenn Sie zu allen Schlüsselwörtern der Items Synonyme und Umschreibungen im Text finden und auch die logischen Verknüpfungen stimmen, lautet die Antwort* Ja. *Wenn Sie sich nicht ganz sicher sind, kreuzen Sie trotzdem die Antwort an, die Sie für richtig halten. Setzen Sie aber ein Fragezeichen dahinter. Halten Sie sich nicht zu lange an einem einzelnen Item auf.*

Schritt 3

Bearbeiten Sie die anderen Items in der gleichen Weise. Markieren Sie, zu welchen Schlüsselwörtern der Items im Text gleich lautende oder gegenteilige Informationen gegeben werden. Versuchen Sie nicht, ein Item zu lösen, ohne die Textstelle genau gelesen zu haben.

TIPP *Wenn Sie das Übungsformat schon besser kennen, beginnen Sie direkt mit Item 21, um Zeit zu sparen.*

Schritt 4

a) Bearbeiten Sie jetzt die Items mit den Fragezeichen.
b) Kontrollieren Sie am Ende Ihre Lösungen.

Übung

Die folgende Übung dient der Vorbereitung auf den Lesetext 3. Sie trainieren hier, Items und Textstellen zu vergleichen und dabei Unterschiede herauszuarbeiten. Achten Sie auch auf logische Verknüpfungen und Satzverbindungen. Notieren Sie gleiche und abweichende Informationen in der Tabelle unten. Welche Lösung ist richtig?

		Ja	Nein	Text sagt dazu nichts
23	Kathy Payne konnte auf die Luftvibrationen aufmerksam werden, die durch im Infraschallbereich liegende Elefantenrufe erzeugt werden, weil sie selbst Orgel spielte.			
24	Elefanten fällt es schwer, hohe Töne zu erzeugen, deshalb liegen zwei Drittel ihrer Laute im Infraschallbereich.			
27	Dadurch, dass Elefanten aufeinander angewiesen sind, reagieren sie mit größerem Interesse bei Lauten ihrer Artgenossen.			

Als Erste kam die amerikanische Biologin Kathy Payne vor zwanzig Jahren der bis dahin geheimen Sprache auf die Spur. Im Zoo von Portland spürte sie in der Nähe des Elefantengeheges ein seltsames Pochen. Wie die Basstöne einer Orgel bringen die Infraschallrufe der Elefanten die Luft stark zum Vibrieren, so dass sie dies körperlich fühlte.

Dank Paynes Untersuchungen weiß man heute, dass Elefanten bevorzugt mit tiefen Tönen kommunizieren. Über zwei Drittel aller Laute liegen im Infraschallbereich. Anders als hohe Töne dringen die Infraschallrufe schätzungsweise bis zu zehn Kilometer durch die Savanne – und werden deshalb für elefantöse Ferngespräche genutzt.

[...] Je nach ihrer Herkunft sprechen Elefanten sogar unterschiedliche Dialekte. Wie Versuche zeigen, reagieren sie auf die Rufe bekannter Artgenossen interessierter, als wenn sich ein unbekanntes Tier zu Wort meldet.

	Gleiche Informationen		Abweichende Informationen		Lösung
	Item	Text	Item	Text	
23	Kathy Payne aufmerksam werden Infraschallrufe Luftvibrationen	Kathy Payne auf die Spur kommen Infraschallbereich Luft stark zum Virbrieren bringen	weil sie selbst Orgel spielte (Angabe des Grundes)	so dass sie dies körperlich fühlte (Angabe der Folge)	Text sagt dazu nichts
24					
27					

„Geburtenkontrolle" für Autos?

20'

Eigentlich ist es eine schöne Sache: Die Menschen werden immer mobiler. Entfernungen, die früher unüberbrückbar schienen, lassen sich heute in erstaunlich kurzer Zeit bewältigen. Brauchten unsere Großeltern noch Wochen für eine Atlantik-Überquerung per Schiff, so sind wir heute in wenigen Flugstunden auf dem anderen Kontinent. Auch im Nahverkehr hat sich dank Auto, Bus und Bahn ein enormes Mobilitätsangebot entwickelt. Natürlich bleiben regionale Unterschiede bestehen, aber insgesamt sorgen die modernen Verkehrsmöglichkeiten für ein großes Maß an persönlicher Bewegungsfreiheit und damit an Lebensqualität. Ohne immer dichter ausgebaute Verkehrsnetze zu Lande, zu Wasser oder in der Luft würde nichts so laufen, wie es wirtschaftlich gewünscht ist.

Ob man die Folgen der wachsenden Mobilität nun als Fortschritt begrüßt oder eher kritisch sieht: Jedermann weiß, dass Mobilität ihren Preis hat. Denn Verkehr sorgt zwar für Wachstum, belastet aber auch die Umwelt und das soziale Zusammenleben. Eine Zahl zeugt in besonders erschreckender Weise von den Risiken: In Deutschland sind von 1950 bis 1999 im Straßenverkehr 695 889 Menschen getötet und 23,95 Millionen verletzt worden. Die Zahlen sinken, aber 2003 nahmen wir noch immer ca. 6550 Tote und eine halbe Million Verletzte in Kauf. Prof. Dr. Markus Vogt an der Don Bosco-Hochschule in Benediktbeuren beschäftigt sich mit ethischen Aspekten einer nachhaltigen Mobilitätsgestaltung. Vorrangige Bedeutung hat das Leitbild der Nachhaltigkeit, das die Vernetzung ökologischer, sozialer und wirtschaftlicher Entwicklungsaspekte fordert.

Nachhaltigkeit – dieser Begriff aus der Forstwirtschaft ist der entscheidende Maßstab für die ethische Beurteilung von Verkehrsfragen. So wie im Wald nicht mehr Holz gefällt werden darf als nachwachsen kann, soll auch im Verkehrsbereich künftigen Generationen die Möglichkeit zur Mobilität erhalten bleiben. Nicht von heute auf morgen handeln, sondern in langen Zeiträumen auch an nachfolgende Generationen denken, diese Haltung setzte sich ab den 1970er Jahren in vielen Bereichen der Umweltpolitik durch. Wer von nachhaltiger Mobilität spricht, muss allerdings über den eigenen Tellerrand schauen. Prof. Vogt verweist auf die Schwellenländer: Würde etwa China, wo heute auf 700 Einwohner ein PKW kommt, dem deutschen Standard nacheifern – ein PKW auf zwei Einwohner –, stiege dort der Bedarf auf gigantische 600 Millionen Kraftfahrzeuge. Umweltorganisationen forderten in diesem Zusammenhang eine „Geburtenkontrolle für Autos".

Notwendige Reformen müssen auf die Verkürzung der Wege, Verlagerung des Verkehrs, umweltfreundlichere Transportmittel und eine umweltgerechte Überprüfung der Transportkosten zielen. Nötig ist aber auch, dass die Verkehrsteilnehmer ihr Mobilitätsverhalten und ihren Lebensstil ändern. „Oberstes Ziel ist die Verkehrsvermeidung", so der Wirtschaftswissenschaftler Dr. Hans Diefenbacher. Die Länge der allgemeinen Wege hat in den letzten 40 Jahren in Deutschland von zwei auf zwölf Kilometer zugenommen. Das muss nicht zwangsläufig so sein: Diefenbacher verweist auf kommunalpolitische Programme wie „Die Stadt der kurzen Wege". Wenn Städte wieder so geplant werden, dass man Arbeitsplatz, Schule und Läden zu Fuß erreichen kann, würden viele Autofahrten überflüssig. Außerdem reduziert sich der Flächenfraß: Verdichtetes Bauen macht attraktive Stadtwohnungen möglich, die Stadtflucht auf die grüne Wiese wird gestoppt, die Landschaft wird nicht zersiedelt. Auch unnützer Güterverkehr kann nach Diefenbachers Ansicht vermieden werden, wenn etwa darauf verzichtet würde, Kartoffeln aus Süddeutschland in den Norden zu transportieren.

Als zweites Ziel nennt er die Verlagerung des Verkehrs auf öffentliche Transportmittel. Er wünscht sich mehr Geld für die ökologisch sinnvollere Bahn als für den Ausbau von Straßen.

Zum Beispiel für die Wiederinbetriebnahme alter Strecken, weniger jedoch für neue Schnellbahntrassen. Der Umweltbeauftragte setzt auf Entschleunigung: „Autos mit 330 PS brauchen wir nicht.“ Dagegen solle mehr in die technische Optimierung von Fahrzeugen investiert werden. Ethisch verantwortlich müssen nicht nur Politik und Wirtschaft handeln, sondern auch der einzelne Verkehrsteilnehmer ist individuell gefordert.

(571 Wörter)

Markieren Sie die richtige Antwort.

		Ja	Nein	Text sagt dazu nichts
(01)	Die Überwindung großer Distanzen erfolgt heute im Vergleich zur Zeit unserer Großeltern viel schneller.	X		
(02)	Ohne gut ausgebaute Verkehrsnetze kann kein Transport von Gütern gewährleistet werden.			X
21	Wenn die modernen Verkehrsmöglichkeiten auch viele Vorteile bieten, so muss man doch die Nachteile berücksichtigen.			
22	Die ethische Aufgabe einer nachhaltigen Mobilitätsgestaltung kann nicht ohne politisches Engagement gelöst werden.			
23	Die Idee, die Mobilität für künftige Generationen zu erhalten, stammt aus der Forstwirtschaft.			
24	Der Aufruf zu einer „Geburtenkontrolle“ für Autos ist in Anlehnung an den Aufruf zur Geburtenkontrolle in den Schwellenländern entstanden.			
25	Das Mobilitätsverhalten des Einzelnen ändert nichts; wichtig ist es, die Voraussetzungen der gegenwärtigen Mobilität zu verändern.			
26	Eine der notwendigen Reformen zielt darauf, Wege generell zu verkürzen.			
27	Um die Stadtflucht zu stoppen, müssen Arbeitsplätze, Schulen und Läden zu Fuß erreichbar sein.			
28	Auch wenn Güter regional vermarktet werden, führt das nicht zur Verkehrsvermeidung.			
29	Es ist mehr Geld für den Ausbau von Schnellbahnstrecken als für die Wiederinbetriebnahme alter Strecken vorgesehen.			
30	Der einzelne Verkehrsteilnehmer sollte durch sein Verhalten ethische Verantwortung zeigen.			

Solange die Sonne scheint

Solarenergie – das könnte das Zauberwort des neuen Jahrhunderts werden. Doch die Idee ist viel älter.

Am 15. Juni 1930 versammeln sich mehrere tausend Teilnehmer aus 50 Staaten zur zweiten Welt-Kraft-Konferenz. Die verheerende Arbeitslosigkeit, die weltweite Depression gehören der Vergangenheit an: Bald schon seien die Kräfte der Natur gebändigt und die Menschen überall auf der Welt verfügten über Energie im Überfluss, ein weltweites Stromnetz werde den Wohlstand der Völker heben. Allerdings schleichen sich mit dem Blick auf die Energiewirtschaft erste Zweifel ein: Ob es gelingen wird, durch Nutzbarmachung der Sonne oder der sich immer wieder erneuernden Wasserkräfte der gewaltigen Verschwendung von wertvollen fossilen Energiereserven Einhalt zu gebieten?

Die Sonne ist es, sie ist die Energiequelle der Zukunft. Mit diesem Credo wendet sich der Nobelpreisträger Wilhelm Oswald an die Konferenz. Alle Energiequellen seien auf die strahlende Energie der Sonne zurückzuführen. Da die Endlichkeit der fossilen Energiereserven unumstößlich feststehe, müsse man sich nun fragen, wie die Sonnenstrahlen unmittelbar in elektrische Energie umzuwandeln seien. An diesem Punkt seiner Gedankenkette bringt Wilhelm Oswald den „photoelektrischen Strom“ ins Spiel, die Photovoltaik. „Steckt man zwei oberflächlich oxydierte Kupferplatten in gewisse Lösungen und verbindet sie durch einen Draht, so geht durch diesen ein Strom, wenn man eine von beiden Platten belichtet.“ An die Zukunft der nachfolgenden Generationen könne man jedenfalls mit ruhiger Heiterkeit denken. „Solange die Sonne scheint, wird es ihnen nicht an Energie fehlen.“

An der Solarzelle wurde bereits in jenem Sommer 1930 in Berlin gearbeitet. „Gerade hinsichtlich der Energieausbeute berechtigt die neue Photozelle zu der Hoffnung, dass auf diesem Wege eine nutzbare Umwandlung der ungeheuren Energiemengen, die uns die Sonne täglich zustrahlt, technisch möglich wird.“ Diese Behauptung fiel 1930 in einem Vortrag des Physikers und Chemikers Bruno Lange auf dem 6. Deutschen Physikertag. Die neue Art von Photozelle, so erläuterte Lange, bestehe aus zwei Metallelektroden mit einer Zwischenschicht aus Halbleitermaterial. Bei Einstrahlung von Licht entstünden auf der Zwischenschicht Photoelektronen. Der Photostrom fließe durch die Sperrschicht zur unteren Elektrode. Dabei würde die äußere Elektrode positiv, und ein überraschend starker Photoeffekt setze ein.

Diese Entwicklung war im Prinzip nichts Neues. Bereits 1884 hatte Charles Fritts in New York die elektromotorische Wirkung des beleuchteten Selens entdeckt. Aber das entscheidende Problem blieb der minimale Wirkungsgrad. Die eingestrahlte Sonnenenergie wurde nur zu Bruchteilen eines Prozents in Elektrizität umgewandelt. Leider war hier die Kluft zwischen dem prinzipiell und dem technisch Möglichen allzu groß. Es sollte noch fast ein Vierteljahrhundert dauern, bis der von Lange und anderen Wissenschaftlern im Jahr 1930 angekündigte Durchbruch gelang. Der Schauplatz hatte sich in die USA verlagert. In den Bell Laboratories bei New York arbeitete ein Team mit der neuen Halbleiter-Technik und dem Material Silizium. Calvin Fuller und Gerald Pearson kamen auf die Idee, zur Erhöhung der Leitfähigkeit des Materials gezielte Verunreinigungen mit Gallium vorzunehmen. Als sie das Silizium anschließend in ein Lithium-Bad tauchten, stellten sie zu ihrer Überraschung eine signifikante Menge von elektrischem Strom fest.

Am 25. April 1954 stellten die Forscher der Öffentlichkeit den Prototyp ihres Solar-Energy-Converting-Apparats auf der Basis von Silizium-Solarzellen vor. 1958 wurde der erste mit Solarzellen bestückte US-Satellit ins All geschossen. Die Photovoltaik-Anlage arbeitete perfekt. In den nächsten Jahren blieb der Weltraum der hauptsächliche Einsatzort der neuen Technik. Denn dort

waren geringes Gewicht und Zuverlässigkeit ausschlaggebend – und Geld spielte keine Rolle.
Im 21. Jahrhundert geht die Suche nach den besten Materialien, dem höchsten Wirkungsgrad und den niedrigsten Kosten rasant weiter. Durch die weltweit vernetzte Gemeinde der Tüftler [1], Forscher und Produzenten schwirren Stichworte wie Dünnschicht-Technologie, Multispektralzelle, Farbstofffilm und organische Solarzelle. Nur eines scheint gewiss: Ein Schlaraffenland, in dem wir über Energie im Überfluss verfügen, ist selbst bei der intelligentesten Nutzung aller erneuerbaren Energien noch nicht in Sicht.

(601 Wörter)

[1] Tüftler: jemand, der eine schwierige Aufgabe mit Ausdauer und Geduld zu lösen versucht

Markieren Sie die richtige Antwort.

		Ja	Nein	Text sagt dazu nichts
(01)	Bei der Welt-Kraft-Konferenz spielten die Arbeitslosigkeit und die weltweite Wirtschaftskrise eine wichtige Rolle.		X	
(02)	In den Zeitungen erschienen Leitartikel, die Zweifel an den neuen Möglichkeiten in der Energiewirtschaft äußerten.			X
21	Nach Oswald ist künftig die Nutzung der Sonnenenergie wegen der begrenzten fossilen Energiereserven die einzige Alternative.			
22	Das Verfahren der Photovoltaik wird nach Ansicht Oswalds die Reichweite fossiler Energien verlängern.			
23	Lange behauptete, durch den Einsatz einer neuartigen Photozelle könnten größere Mengen Sonnenenergie umgewandelt werden.			
24	Die Halbleiterzwischenschicht erzeugt besonders starke Effekte, wenn die Lichteinstrahlung hoch ist.			
25	Die Entdeckung von Charles Fritts in New York spielte eine wichtige Rolle für die Stromindustrie.			
26	Die Möglichkeiten, Sonnenenergie in bedeutendem Umfang in Elektrizität umzuwandeln, konnten damals nicht realisiert werden.			
27	C. Filler und G. Pearson schafften endgültig den Durchbruch durch Einsetzen von Gallium als Verunreiniger.			
28	Es gelang den Forschern, einen Satelliten mit elektromagnetischen Wellen zu bauen und ins All zu schießen.			
29	Die neu entwickelte Technik wurde zunächst im Weltraum genutzt, wo weder Geld noch das Gewicht der Solarzellen eine Rolle spielten.			
30	Es wird weltweit gezielt nach einer Möglichkeit zum effektiven Einsatz der Photovoltaik gesucht.			

Übersicht

Der Prüfungsteil Hörverstehen überprüft, inwieweit Sie in der Lage sind, gesprochene Texte, die im akademischen Kontext wichtig sind, angemessen zu verstehen. Das Hörverstehen besteht aus drei Teilen mit unterschiedlichen Textsorten, Aufgabentypen und steigendem Schwierigkeitsgrad: ein Dialog aus dem studentischen Alltag (Hörtext 1: 350 – 400 Wörter), eine Interviewrunde mit zwei bis vier verschiedenen Gesprächsteilnehmern (Hörtext 2: 550 – 580 Wörter) sowie ein Vortrag, eine Vorlesung oder ein wissenschaftlicher Beitrag von einem Experten (Hörtext 3: 580 – 620 Wörter).
Je nach Aufgabengestaltung werden unterschiedliche Hörleistungen und Schreibaufgaben erwartet: Es sollen bestimmte Einzelinformationen, der Gesamtzusammenhang und z.T. auch implizit enthaltene Informationen verstanden werden.

Die folgende Tabelle stellt die Aufgaben zum Hörverstehen zusammenfassend dar.

	Hörtext 1	**Hörtext 2**	**Hörtext 3**
Prüfungsziel	den Gesamtzusammenhang und bestimmte Einzelheiten verstehen hauptsächlich selektives Hören	den Gesamtzusammenhang und Einzelheiten verstehen globales und selektives Hören	den Gesamtzusammenhang und Einzelheiten sowie implizite Informationen verstehen globales und detailliertes Hören
Aufgabentyp	Notieren von Stichwörtern	Richtig-Falsch-Aufgabe	Notieren von Kurzantworten
Items / Punkte	8/8	10/10	7/7
Niveaustufe	TDN 3	TDN 4	TDN 5
Hörfrequenz	einmal hören	einmal hören	zweimal hören
Bearbeitungszeit	ca. 40 Minuten (davon 10 Minuten für das Übertragen der Lösungen auf das Antwortblatt)		

Prüfungshinweise

In der Prüfung hören Sie den ersten und zweiten Hörtext einmal. Nach dem Hören haben Sie jeweils 30 Sekunden Zeit, um Ihre Antworten zu überprüfen. Den dritten Hörtext hören Sie zweimal. Zwischen dem ersten und dem zweiten Hören haben Sie eine Minute, nach dem zweiten Hören eine Minute und 15 Sekunden Zeit, um Ihre Notizen zu ergänzen. Am Ende übertragen Sie Ihre Antworten auf das Antwortblatt. Nur die Lösungen auf dem Antwortblatt werden gewertet. Auch beim Hörverstehen wird die Anzahl der richtigen Lösungen zusammengezählt. Die Summe der richtigen Lösungen aller Aufgaben entscheidet also, welche Niveaustufe Sie hier erreichen. Deshalb sollten Sie auf jeden Fall alle drei Aufgaben komplett bearbeiten.

TestDaF-Niveaustufe (TDN)

Hörverstehen
Maximale Anzahl der richtig gelösten Items: ➥ 25 Items

Für **TDN 5** müssen je nach Testsatz mindestens richtig gelöst werden:

➥ 19, 20 oder 21 Items

Für **TDN 4** müssen je nach Testsatz mindestens richtig gelöst werden:

➥ 15, 16 oder 17 Items

Für **TDN 3** müssen je nach Testsatz mindestens richtig gelöst werden:

➥ 10, 11 oder 12 Items

Was ist beim Hören besonders zu berücksichtigen?

Die gesprochene Sprache ist je nach Sprechsituation unvollständig oder verkürzt.
Das Hörverstehen erfordert eine besondere Konzentration, weil Sie nicht die Möglichkeit haben, auf den Hörtext zurückzugreifen.

Hören der Aufgabenstellung
- Sie lesen die Aufgabenstellung auf dem Arbeitsblatt und hören Sie gleichzeitig von der Kassette oder CD mit. Der Einführungstext informiert Sie über die kommunikative Situation und über Ihre Aufgabe.
- Versuchen Sie, Ihr Vorwissen über das Thema zu aktivieren.
- Lesen Sie die Fragen schnell durch und unterstreichen Sie während des Lesens die Schlüsselwörter.

Hören des Textes
- Berücksichtigen Sie, dass die Items der Chronologie des Hörtextes folgen.
- Achten Sie auf wichtige Informationen bei Aufgabenstellung und Schlüsselwörtern. Oft werden sie in Form von Umschreibungen und synonymen Ausdrücken wiederholt.
- Achten Sie auch auf die Intonation: Schlüsselwörter tragen meist den Hauptakzent.
- Achten Sie auf textstrukturierende Elemente wie *Konnektoren* (weil / wenn / aufgrund / infolgedessen etc.), *lexikalische Mittel* (zunächst / erstens / im Folgenden / zum Schluss etc.) oder *Pronomen*.
- Geraten Sie nicht in Panik, wenn Sie etwas überhört haben! Hören Sie einfach weiter. Versuchen Sie, die Textstelle aus dem Gesamtzusammenhang zu erschließen.
- Notieren Sie beim Hören Stichwörter (Hörtexte 1 und 3).
- Achten Sie bei der Mitschrift nicht auf Grammatik und Rechtschreibung – das nimmt Zeit in Anspruch. Erst beim Ausfüllen des Antwortbogens müssen Sie Ihre Lösung korrekt schreiben.
- Benutzen Sie Abkürzungen und Symbole, um Zeit zu gewinnen, z. B. bei Maßeinheiten: kg, Mio, m, km, m^2, km/h, $, € etc.
  Konventionelle Abkürzungen sind: u. (und), f. (für), m. (mit), u. U. (unter Umständen), usw. (und so weiter), etc. (etcetera), z. B. (zum Beispiel), evtl. (eventuell), ggf. (gegebenenfalls), d. h. (das heißt), ca. (circa), v. a. (vor allem), z. T. (zum Teil), u. a. (unter anderem). Verwenden Sie auch eigene Abkürzungen.

Nach dem Hören
- Überprüfen Sie Ihre Antworten.
- Ergänzen Sie Ihre Notizen.

Hörtext 1 TDN 3

Übungstest 1: Aufgaben 1–8

1 2 Sie sind mit einer neuen Mitstudentin im Einwohnermeldeamt des Rathauses. Sie hören ein Gespräch zwischen ihr und einem Angestellten.
Sie hören dieses Gespräch **einmal**.

Lesen Sie jetzt die Aufgaben 1–8.*

Hören Sie nun den Text. Schreiben Sie beim Hören die Antworten auf die Fragen 1–8.
Notieren Sie Stichwörter.

Im Einwohnermeldeamt

(0)	Warum geht Nataliya zum Einwohnermeldeamt?	(0)	*Anmeldung und Aufenthaltsgenehmigung*
1	Was braucht der Angestellte von ihr?	1	______________
2	Wann bekommt sie die Immatrikulationsbescheinigung?	2	______________
3	Was muss Nataliya zuerst ausfüllen?	3	______________
4	Wann muss sie die Kopie des Mietvertrages mitbringen?	4	______________
5	Wo hat Nataliya ein Zimmer bekommen?	5	______________
6	Wofür braucht sie die Bankgarantie?	6	______________
7	Warum kann sie nicht vormittags vorbeikommen?	7	______________
8	Wann wird sie die Immatrikulationsbescheinigung vorbeibringen?	8	______________

*Beachten Sie bitte die Hinweise zum Abspielen der Hörtexte von CD 1 auf Seite 126.

Strategietraining

Beim Hörtext 1 hören Sie einen Dialog zwischen zwei Personen aus dem studentischen Alltag. Das Gespräch dauert zwei bis drei Minuten und hat einen Umfang von 350–400 Wörtern. Sie sollen acht Fragen zu diesem Dialog beantworten, indem Sie gezielt Informationen heraushören und diese stichpunktartig während des Hörens notieren. Die Items folgen dem Verlauf des Hörtextes. Dieses Gespräch wird nur einmal gehört.

Im Folgenden zeigen wir Ihnen Schritt für Schritt, wie Sie sich auf den Hörtext 1 vorbereiten können.

Schritt 1

Mit dem Titel ist das Thema des Hörtextes immer angegeben. Machen Sie sich kurz Gedanken zum Titel und aktivieren Sie damit Ihr Vorwissen bzw. Ihren Wortschatz. In diesem Übungstest hören Sie ein Gespräch mit dem Titel „Im Einwohnermeldeamt".
Stellen Sie sich vorab folgende Fragen: Was ist ein Einwohnermeldeamt? Welche Funktion hat es? Wer kommt dorthin? Warum geht man dorthin?

TIPP *Diese Überlegungen brauchen Sie nicht schriftlich auszuführen. Sie sollen Sie nur auf das Thema einstimmen und mögliche Inhalte des Hörtextes vorwegnehmen.*

Schritt 2

Lesen und hören Sie nun gleichzeitig den Einführungstext der Aufgabenstellung. Er bietet eine wichtige Hilfe zum Verständnis der Situation (z. B. erfahren Sie, wer an dem Gespräch teilnimmt) und damit zur Lösung der Aufgabe. Markieren Sie die Schlüsselwörter.

> Sie sind mit einer neuen Mitstudentin im Einwohnermeldeamt des Rathauses. Sie hören ein Gespräch zwischen ihr und einem Angestellten. Sie hören dieses Gespräch einmal.

Stellen Sie Vermutungen an, was Sie im Hörtext erwartet: Der Angestellte wird Fragen stellen, die Studentin muss wahrscheinlich Dokumente abgeben oder mitbringen und Formulare ausfüllen.

Schritt 3

Lesen Sie das Lösungsbeispiel (0) aufmerksam durch. Markieren Sie die Schlüsselwörter der Frage (0) und vergleichen Sie sie mit den in der Lösung angegebenen Stichwörtern. Sie sollen die wesentlichen Informationen der Antwort enthalten.

(0)	Warum geht Nataliya zum Einwohnermeldeamt?	(0)	*Anmeldung und Aufenthaltsgenehmigung*

Schritt 4

Vor dem Hören haben Sie Zeit, die Items 1 – 8 durchzulesen (ca. 40 Sek.). Markieren Sie dabei sofort die Schlüsselwörter. Das hilft Ihnen dann, gezielt Informationen aus dem Dialog herauszuhören.

1	Was braucht der Angestellte von ihr?	1	______
2	Wann bekommt sie die Immatrikulationsbescheinigung?	2	______
3	Was muss Nataliya zuerst ausfüllen?	3	______
4	Wann muss sie die Kopie des Mietvertrages mitbringen?	4	______

Stellen Sie nun Vermutungen zu den Antworten an. Die Fragen können Hinweise auf den Hörtext und auf die Art der Antwort geben, z. B. durch Fragepronomen wie *Was* oder *Wann*. Sie müssen nicht jedes Detail der Frage verstehen, sondern können sich auf die gefragten Informationen konzentrieren. Wenn Sie zu zweit trainieren, vergleichen und besprechen Sie Ihre Antworten.

Schritt 5

Hören Sie nun den Text. Notieren Sie während des Hörens Stichwörter zu den Items.

TIPP *Überlegen Sie sich ein einfaches Abkürzungssystem. Trainieren Sie, mit Abkürzungen zu arbeiten. Dann können Sie Ihre Antworten schneller notieren und am Ende der Aufgabe ausformulieren. Sehen Sie dazu die Übung am Ende des Strategietrainings.*

1	Was braucht der Angestellte von ihr?	1	*Pass und Uniunterlagen*
2	Wann bekommt sie die Immatrikulationsbescheinigung?	2	*(erst) nächste Woche*
3	Was muss Nataliya zuerst ausfüllen?	3	*das (Antrags)formular*
4	Wann muss sie die Kopie des Mietvertrages mitbringen?	4	*mit der Immatrikulationsbescheinigung*

Die Antwort kann aus zwei Bestandteilen bestehen wie in Item 1 (*Pass und Uniunterlagen*) oder aus einer Angabe wie z. B. in Item 2 (*nächste Woche*). Manchmal enthält die Frage eine etwas andere Formulierung als der Hörtext, z. B. bei Item 4: Die Frage lautet: *Wann muss sie die Kopie des Mietvertrags mitbringen?* Im Hörtext heißt es: *Sie können die Kopie des Mietvertrages mit Ihrer Immatrikulationsbescheinigung abgeben.*

Schritt 6

Überprüfen Sie Ihre Notizen und ergänzen Sie, wenn notwendig.
In der Prüfung ist damit die Aufgabe beendet.
Vergleichen Sie beim Training Ihre Stichwörter mit der entsprechenden Stelle im Transkript des Hörtextes. Hören Sie den gesamten Text dabei noch einmal.

	Item	Hörtext
1	Was braucht der Angestellte von ihr?	*Ich brauche erstmal Ihren Pass und die Unterlagen von der Universität.*
2	Wann bekommt sie die Immatrikulationsbescheinigung?	*Nein, ich bekomme sie erst nächste Woche.*
3	Was muss Nataliya zuerst ausfüllen?	*Draußen […] sind Antragsformulare. Bitte holen Sie sich ein Formular, füllen Sie es aus und kommen dann wieder zu mir.*
4	Wann muss sie die Kopie des Mietvertrages mitbringen?	*Sie können die Kopie des Mietvertrags mit Ihrer Immatrikulationsbescheinigung abgeben.*

Übung

Die folgende Übung dient der Vorbereitung auf die Arbeit mit dem Hörtext 1. Sie trainieren hier, Wörter abzukürzen, um Ihre Antworten schneller notieren zu können.

Kürzen Sie die folgenden Wörter sinnvoll ab.

a) und = *u.* ________ oder = __________ aber = __________ spätestens = __________

b)
Anmeldung = ______________ Wohngemeinschaft = ______________
Aufenthaltsgenehmigung = ______________ Bankgarantie = ______________
Studium = ______________ Passfoto = ______________
Immatrikulationsbescheinigung = ______________ Vormittag = ______________
Antrag = ______________ Seminar an der Universität = ______________
Mietvertrag = ______________ Dienstagnachmittag = ______________
Studentenwohnheim = ______________

1 3 Sie sind im Internationalen Büro der Universität und hören ein Gespräch zwischen einem Studenten und einer Mitarbeiterin.
Sie hören dieses Gespräch **einmal**.

Lesen Sie jetzt die Aufgaben 1–8.

Hören Sie nun den Text. Schreiben Sie beim Hören die Antworten auf die Fragen 1–8.
Notieren Sie Stichwörter.

Im Internationalen Büro der Universität

(0)	Wofür interessiert sich Paulo Rodriguez?	(0)	*für europäische Austauschprogramme*
1	Auf welche Programme möchte er sich bewerben?	1	
2	Was studiert Paulo Rodriguez im Hauptfach?	2	
3	Wohin kann er mit dem Erasmus-Programm gehen?	3	
4	Wie hoch ist der Zuschuss für Erasmus-Studierende pro Monat?	4	
5	Warum braucht er das Semester nicht nachzuholen?	5	
6	Was wird noch durch das Erasmus-Programm finanziert?	6	
7	Wann endet die Bewerbungsfrist für das Wintersemester?	7	
8	Wo findet er Informationen über andere Stipendien und Programme?	8	

1 4 Sie sind auf dem Universitätscampus und hören ein Gespräch zwischen zwei Studierenden.
Sie hören dieses Gespräch **einmal**.

Lesen Sie jetzt die Aufgaben 1–8.

Hören Sie nun den Text. Schreiben Sie beim Hören die Antworten auf die Fragen 1–8.
Notieren Sie Stichwörter.

Günstig Bahn fahren

(0)	Wo arbeitet Maike?	(0)	*in (einer) Online-Mitfahrzentrale*
1	Was kosten die Fahrkarten?	1	________
2	Warum sind diese Fahrkarten so preiswert?	2	________
3	Wie funktioniert die Bahn-Spar-Karte?	3	________
4	Welche Strecken werden oft genutzt?	4	________
5	In wie vielen Städten wird es Zweigstellen geben?	5	________
6	Wann lohnen sich solche Fahrkarten? (zwei Angaben)	6	a) ________ b) ________
7	Wer sind die meisten Kunden?	7	________
8	Wo erhält man das Ticket und die Teilnehmerkarten?	8	________

1 5 Sie hören ein Interview zwischen zwei Journalisten und Professor Manfred Weinert. Er ist wissenschaftlicher Berater einer Supermarktkette zum Thema Gentechnik in Nahrungsmitteln. Sie hören dieses Interview **einmal**.

Lesen Sie jetzt die Aufgaben 9–18.*

Hören Sie nun den Text.
Entscheiden Sie beim Hören, welche Aussagen richtig oder falsch sind.
Markieren Sie die passende Antwort.

Gentechnik in Nahrungsmitteln

			Richtig	Falsch
(0)	Die von Professor Weinert beratene Supermarktkette mästet Schweine mit gentechnisch verändertem Tierfutter.	(0)		X
9	Siebzig Prozent der Konsumenten in Deutschland heißen Gentechnik in Nahrungsmitteln nicht gut.	9		
10	Die Supermarktkette konnte mit Unterstützung einer Umweltorganisation gentechnikfreies Soja bekommen.	10		
11	Die Konsumenten sind ausreichend über gentechnikfreie Nahrungsmittel informiert.	11		
12	Das gentechnikfreie Fleisch ist für den Hersteller im Grundpreis nicht teurer als vorher.	12		
13	Die Supermarktkette wird gentechnikfreies Schweinefleisch deutschlandweit anbieten.	13		
14	Eine Firma liefert Geflügel, das ohne Gen-Pflanzen gefüttert wird.	14		
15	Einige Verbände und Organisationen sind gegen das gentechnikfreie Programm.	15		
16	Gemeinsam mit der Gentechnik-Industrie wollen einige Handelsunternehmen genmanipulierte Produkte vermarkten.	16		
17	Die Supermarktkette richtet sich in seinem Programm nach den Verbraucherinteressen.	17		
18	Nach Meinung von Professor Weinert lohnt es sich nicht, das Angebot gentechnikfreier Produkte zu erweitern.	18		

*Beachten Sie bitte die Hinweise zum Abspielen der Hörtexte von CD 1 auf Seite 126.

Strategietraining

Beim Hörtext 2 hören Sie ein Interview mit mehreren Personen. Die Sprecher sind Experten, Professoren, Studierende, Moderatoren oder Journalisten. Sie sprechen über studienbezogene Sachverhalte oder über fächerübergreifende wissenschaftliche Themen. Sie sprechen über ihre Erfahrungen in speziellen Wissenschaftsbereichen oder kommentieren aktuelle Themen.

Dieser Hörtext dauert vier bis fünf Minuten und hat einen Umfang von 550 – 580 Wörtern.
Beim Hören sollen Sie komplexe Äußerungen sowie Meinungen und Stellungnahmen verstehen. Sie sollen auch Detailinformationen aus dem Gespräch entnehmen.

Während des Hörens müssen Sie entscheiden, ob die Aussagen 9 – 18 auf dem Aufgabenblatt mit den entsprechenden Passagen im Hörtext inhaltlich übereinstimmen oder nicht. Sie markieren diese Aussagen dann als richtig oder falsch. Die Items folgen dem Verlauf des Hörtextes. Dieses Gespräch wird nur einmal gehört.

Im Folgenden zeigen wir Ihnen Schritt für Schritt, wie Sie sich auf den Hörtext 2 vorbereiten können.

Schritt 1

Das Thema des Hörtextes wird im Titel benannt. Bereiten Sie sich auf den Text vor, indem Sie Ihr Vorwissen und Ihren Wortschatz aktivieren. In diesem Übungstest hören Sie ein Interview zum Thema Gentechnik in Nahrungsmitteln.
Stellen Sie sich vorab folgende Fragen und notieren Sie dazu Stichpunkte: Was wissen Sie über dieses Thema? Welche Argumente für und gegen Nahrungsmittel, die mit Gentechnik hergestellt werden, gibt es?
Wenn Sie zu zweit arbeiten, besprechen Sie Ihre Stichpunkte.

Schritt 2

Lesen und hören Sie nun gleichzeitig den Einführungstext der Aufgabenstellung.
Markieren Sie die Schlüsselwörter.

> Sie hören ein Interview zwischen zwei Journalisten und Professor Manfred Weinert. Er ist wissenschaftlicher Berater einer Supermarktkette zum Thema Gentechnik in Nahrungsmitteln.
> Sie hören dieses Interview **einmal**.

Überlegen Sie nun, zu welchen Themen die Journalisten Fragen stellen könnten, z. B.

- Was für Nahrungsmittel empfiehlt Prof. Weinert: gentechnisch veränderte oder unveränderte?
- Gibt es Preisunterschiede?
- Was wollen die Kunden?
- Wie sind die Perspektiven für die Zukunft?

Schritt 3

Lesen Sie das Lösungsbeispiel (0) aufmerksam durch. Markieren Sie die Schlüsselwörter in der Aussage.

			Richtig	Falsch
(0)	Die von Professor Weinert beratene Supermarktkette mästet Schweine mit gentechnisch verändertem Tierfutter.	(0)		X

Sie bekommen mit dem Lösungsbeispiel einen Einstieg in das Interview. Sie lernen Details zum Thema kennen und die Beurteilung einer Aussage dazu.

Schritt 4

Vor dem Hören haben Sie Zeit, die Items 9–18 durchzulesen (ca. 1 Min., 20 Sek.). Markieren Sie die Schlüsselwörter. Das hilft Ihnen, den Gesamtzusammenhang zu verstehen und dem Gespräch zielgerichtet bestimmte Informationen zu entnehmen.

			Richtig	Falsch
9	Siebzig Prozent der Konsumenten in Deutschland heißen Gentechnik in Nahrungsmitteln nicht gut.	9		
10	Die Supermarktkette konnte mit Unterstützung einer Umweltorganisation gentechnikfreies Soja bekommen.	10		
11	Die Konsumenten sind ausreichend über gentechnikfreie Nahrungsmittel informiert.	11		
12	Das gentechnikfreie Fleisch ist für den Hersteller im Grundpreis nicht teurer als vorher.	12		

Schritt 5

Hören Sie nun das Interview. Achten Sie während des Hörens darauf, welche Wörter, Wortgruppen oder Aussagen den markierten Schlüsselstellen entsprechen, ihnen ähnlich sind oder das Gegenteil aussagen. Ignorieren Sie unwichtige Textstellen.
Entscheiden Sie während des Hörens, ob die Aussage in Bezug auf das Interview richtig oder falsch ist und markieren Sie.

Item 9, Lösung: Die Aussage ist richtig. Im Hörtext heißt es:

Prof. Weinert: *Auslöser waren die Aktion einer Umweltorganisation im Jahr 2001 vor einer der Filialen des Unternehmens und die Tatsache, dass 70 % der Verbraucher Gentechnik im Essen ablehnen.*

Erklärung: Die Schlüsselwörter im Item und die Informationen im Hörtext sind inhaltlich gleich: Konsumenten = Verbraucher, nicht gutheißen = ablehnen.

Item 10, Lösung: Die Aussage ist richtig. Im Hörtext heißt es:

Prof. Weinert: *Die Umweltorganisation hat dann bei der Beschaffung von gentechnikfreiem Soja geholfen.*

Erklärung: Auch hier drücken die zentralen Wörter den gleichen Inhalt aus. Die Aussage des Hörtextes: *„Die Umweltorganisation hat geholfen"* entspricht der Formulierung in der Aufgabe: „Die Supermarktkette konnte mit Unterstützung einer Umweltorganisation [...] bekommen".

Item 11, Lösung: Die Aussage ist falsch. Im Hörtext heißt es:

Prof. Weinert: *Aber im Einzelhandel sind die Verbraucher noch nicht genügend über die Produkte informiert.*

Erklärung: Die Schlüsselwörter „ausreichend informiert" und *„noch nicht genügend informiert"* sagen das Gegenteil aus.

Item 12, Lösung: Die Aussage ist falsch. Im Hörtext heißt es:

Prof. Weinert: *Weil das Futter ohne Gentechnik mehr kostet, ist das Fleisch im Grundpreis teurer geworden* [...].

Erklärung: Die Formulierung in der Aufgabe: „im Grundpreis nicht teurer" ist das Gegenteil der Aussage im Hörtext: *„das Fleisch [ist] im Grundpreis teurer [...] geworden"*.

Sie müssen beim Hören also besonders auf Umschreibungen sowie gleichbedeutende oder widersprüchliche Äußerungen achten. Wichtig ist es auch, genau zu beachten, ob die Aussage positiv oder negativ formuliert ist!

Schritt 6

Überprüfen oder ergänzen Sie Ihre Notizen.
In der Prüfung ist damit die Aufgabe beendet.
Vergleichen Sie beim Training Ihre Stichwörter mit der entsprechenden Stelle im Transkript des Hörtextes (Einleger, S. 4). Hören Sie den gesamten Hörtext noch einmal.

1 6 Sie hören ein Interview zwischen zwei Journalisten und dem Jura-Professor Ingo von Münch zum Thema „Doktortitel – ja oder nein?"
Sie hören dieses Interview **einmal.**

Lesen Sie jetzt die Aufgaben 9–18.

Hören Sie nun den Text.
Entscheiden Sie beim Hören, welche Aussagen richtig oder falsch sind.
Markieren Sie die passende Antwort.

Doktortitel – ja oder nein?

			Richtig	Falsch
(0)	Jeder, der gern wissenschaftlich arbeitet, sollte nach Meinung von Professor Ingo von Münch promovieren.	(0)	X	
9	Wenn man die Wahl hat, sollte man eine Promotion einer guten Arbeitsstelle vorziehen.	9		
10	In den Ingenieurwissenschaften hat der Doktortitel ein höheres Ansehen als in anderen Fachrichtungen.	10		
11	Man sollte sich bereits im Studium nach einem Professor umsehen, bei dem man später promovieren möchte.	11		
12	Man versucht Kontakt zu dem Professor herzustellen, dessen Forschungsbereiche am interessantesten erscheinen.	12		
13	Wenn der Student von seinem Professor keine Zusage erhält, sollte er sein Promotionsvorhaben aufgeben.	13		
14	Der Doktorand sollte in der Regel sein Thema nicht selbst suchen, sondern auf den Vorschlag des Professors warten.	14		
15	Der Student kann eine Krise während seiner Doktorarbeit am besten durch Urlaub überwinden.	15		
16	Grundsätzlich geht man davon aus, dass das Verfassen einer Doktorarbeit etwa fünf Jahre dauert.	16		
17	Die gezielte Suche nach dem geeigneten Professor gehört zu den wichtigsten Schritten einer Doktorarbeit.	17		
18	Für die mündliche Prüfung muss man sich gut vorbereiten, weil die Durchfallquote hoch ist.	18		

1 7 Sie hören ein Interview mit Christina Vocke, der Koordinatorin für studentische Angelegenheiten der Universität Bremen.
Sie hören dieses Interview **einmal.**

Lesen Sie jetzt die Aufgaben 9–18.

Hören Sie nun den Text.
Entscheiden Sie beim Hören, welche Aussagen richtig oder falsch sind.
Markieren Sie die passende Antwort.

Fleißpunkte sammeln!

			Richtig	Falsch
(0)	Mit dem neuen Studienkontenmodell soll die Studienzeit kürzer werden.	(0)	X	
9	Man braucht sich nicht von Anfang an mit dem Studium zu beeilen, um erfolgreich zu sein.	9		
10	Für jeden Studierenden wird ein Konto mit Studienpunkten eingerichtet.	10		
11	Man muss innerhalb eines Studienjahres mindestens 60 Credit-Punkte erworben haben.	11		
12	Die Universität informiert die Studierenden, wenn sie weniger als 30 Punkte erreicht haben.	12		
13	Wenn man keine Credit-Punkte erwirbt, muss man bis zu 500 Euro Strafe bezahlen.	13		
14	Jeder hat uneingeschränkten Anspruch auf ein kostenloses Studium bis zum ersten Abschluss.	14		
15	Die Regelstudienzeit für einen Bachelorabschluss beträgt in Bremen 12 Semester.	15		
16	Das Studienkontenmodell führt zu mehr Verwaltungsaufwand und Bürokratie.	16		
17	Besonders fleißige Studierende bekommen Punkte, die sie später für ihre Weiterbildung verwenden können.	17		
18	Die Fachbereiche brauchen nichts zu tun, um den Studienverlauf erfolgreich zu gestalten.	18		

1 8-9 Sie hören einen Vortrag von Dr. Robert Goehlich von der Technischen Universität Berlin zum Thema „Urlaub im Weltraum".
Sie hören diesen Vortrag **zweimal**.

Lesen Sie jetzt die Aufgaben 19–25.*

Hören Sie nun den Text ein erstes Mal.
Beantworten Sie beim Hören die Fragen 19–25 in Stichwörtern.

Urlaub im Weltraum

(0)	Was wird der nächste Schritt in der Entwicklung des Weltraumtourismus sein?	(0)	*kommerzielle Flüge mit einigen Minuten Schwerelosigkeitserfahrung*
19	Wie sieht der Aufenthalt in einem Weltraumbahnhof in den ersten drei Tagen aus?	19	______
20	Welche zwei Gründe bringen Menschen dazu, im Weltraum Urlaub machen zu wollen?	20	a) ______ b) ______
21	Wie viele Fluggäste werden voraussichtlich jährlich ein solches Angebot wahrnehmen?	21	______
22	Welches Problem stellt sich bei der Konstruktion von Raumschiffen für touristische Zwecke? (zwei Angaben)	22	a) ______ b) ______
23	Wie lässt sich die Wirtschaftlichkeit solcher Raumfahrzeuge am einfachsten überprüfen?	23	______
24	Wann wird die Tourismusbranche die Kommerzialisierung der Raumfahrt nutzen können? (zwei Angaben)	24	a) ______ b) ______
25	An wen richtet sich der Vortrag zum Thema „Weltraumtourismus"?	25	______

Ergänzen Sie jetzt Ihre Stichwörter. Sie hören jetzt den Text ein zweites Mal.
Sie haben nun 10 Minuten Zeit, um Ihre Lösungen auf das Antwortblatt zu übertragen.

*Beachten Sie bitte die Hinweise zum Abspielen der Hörtexte von CD 1 auf Seite 126.

Strategietraining

Beim Hörtext 3 hören Sie das Interview eines Journalisten mit einem Experten oder einen Vortrag zu einem fachübergreifenden wissenschaftlichen Thema. Manchmal gibt es eine kurze Moderation als Einführung. Der Hörtext 3 ist der längste Hörtext, er dauert fünf bis sechs Minuten und hat einen Umfang von 580–620 Wörtern. Ihre Aufgabe ist es, Kurzantworten zu sieben zentralen Fragen des Textes zu geben. Die Items folgen dem Verlauf des Hörtextes. Sie hören diesen Text zweimal.

Im Folgenden zeigen wir Ihnen Schritt für Schritt, wie Sie sich auf den Hörtext 3 vorbereiten können.

Schritt 1

Das Thema des Hörtextes wird im Titel benannt. Machen Sie sich kurz Gedanken zum Titel und aktivieren Sie damit Ihr Vorwissen bzw. Ihren Wortschatz. In diesem Übungstest geht es um das Thema Urlaub im Weltraum. Notieren Sie Stichpunkte zu folgenden Fragen:

- Welche Aspekte hat dieses Thema?
- Welche Wörter und Fachbegriffe erwarten Sie?
- Wer kann Urlaub im Weltraum machen?
- Warum könnte Urlaub im Weltraum interessant sein?
- Welche technischen Herausforderungen gibt es?

Lesen und hören Sie nun gleichzeitig den Einführungstext der Aufgabenstellung.
Markieren Sie die Schlüsselwörter.

> Sie hören einen Vortrag von Dr. Robert Goehlich von der Technischen Universität Berlin zum Thema „Urlaub im Weltraum".
> Sie hören diesen Vortrag **zweimal**.

Schritt 2

Lesen Sie das Lösungsbeispiel (0) aufmerksam durch. Markieren Sie die Schlüsselwörter der Frage (0) und vergleichen Sie sie mit den angegebenen Stichwörtern.

(0)	Was wird der nächste Schritt in der Entwicklung des Weltraumtourismus sein?	(0)	*kommerzielle Flüge mit einigen Minuten Schwerelosigkeitserfahrung*

Das Beispiel zeigt Ihnen, wie Sie antworten sollen: mit Kurzantworten oder in Form von Stichwörtern.

Im Hörtext 3 kann die Antwort auf eine Frage in mehreren Sätzen oder einem ganzen Abschnitt enthalten sein. Manche Fragen enthalten daher Zusätze, die die Antwort eingrenzen, z. B. „Nennen Sie eine Möglichkeit", „Welche zwei Faktoren…" o.ä. Ihre Antwort muss diese Einschränkungen berücksichtigen, sonst ist sie nicht richtig.

Schritt 3

Vor dem Hören haben Sie Zeit, die Items 19 – 25 durchzulesen (ca. 1 Min., 10 Sek.). Markieren Sie die Schlüsselwörter. Das hilft Ihnen, den Aufbau des Vortrags zu erkennen.

19	Wie sieht der Aufenthalt in einem Weltraumbahnhof in den ersten drei Tagen aus?	19	______________
20	Welche zwei Gründe bringen Menschen dazu, im Weltraum Urlaub machen zu wollen?	20	a) ______________ b) ______________

Aufgrund der Fragen können Sie vermuten, wie die Struktur der Antworten aussehen wird. Bei Frage 19 geht es um eine komplexe Beschreibung. Bei Frage 20 müssen Sie zwei Angaben hören und Stichpunkte zu a) und b) machen. Überlegen Sie auch bei den restlichen Fragen, wie die Antwort vermutlich aussehen muss.

Schritt 4

Hören Sie nun den Vortrag. Notieren Sie *während* des Hörens Stichwörter zu den Aufgaben. Versuchen Sie, eine Frage in ihrem Zusammenhang zu verstehen. Antworten Sie beim ersten Hören kurz und verwenden Sie Abkürzungen.

19	Wie sieht der Aufenthalt in einem Weltraumbahnhof in den ersten drei Tagen aus?	19	Sicherheitstraining, Simulationsflüge, Parabelflüge, Fahrt in Zentrifuge
20	Welche zwei Gründe bringen Menschen dazu, im Weltraum Urlaub machen zu wollen?	20	a) Erde u. Weltraum betrachten b) Erfahrungen machen (?)

TIPP *Markieren Sie fehlende Antworten und setzen Sie ein Fragezeichen, wenn Sie nicht sicher sind. Nutzen Sie die Zeit zwischen dem ersten und dem zweiten Hören (1 Min.), um Ihre Antworten zu überprüfen.*

Schritt 5

Hören Sie nun den Text zum zweiten Mal. Ergänzen Sie fehlende Antworten und achten Sie auf die Aufgaben mit den Fragezeichen. Überprüfen Sie die inhaltliche Richtigkeit Ihrer Notizen, korrigieren und ergänzen Sie sie, wenn es notwendig ist.

19	Wie sieht der Aufenthalt in einem Weltraumbahnhof in den ersten drei Tagen aus?

Richtige Antwort: Sicherheitstraining, (Simulations)Flüge, Parabelflüge und Fahrt in Zentrifuge.
Im Hörtext heißt es:

Insgesamt besteht ein solcher Touristenausflug aus einem einwöchigen Aufenthalt an einem Weltraumbahnhof. In den ersten drei Tagen finden ein Sicherheitstraining, Simulationsflüge, Parabelflüge und eine Fahrt in der Zentrifuge statt.

Beispiel für eine falsche Antwort: einwöchiger Aufenthalt

Erklärung: Die erste Antwort beschreibt die inhaltlichen Aspekte des Aufenthalts und ist richtig. Die zweite Antwort ist falsch, da sie keine Informationen über den Aufenthalt gibt, sondern über die Dauer des Aufenthalts. Die Zeitdauer war aber nicht gefragt.

20	Welche zwei Gründe bringen Menschen dazu, im Weltraum Urlaub machen zu wollen?

Richtige Antwort: a) Erde und Weltraum betrachten; b) Erfahrung mit Schwerelosigkeit machen.
Im Hörtext heißt es:

Marktstudien haben gezeigt, dass die meisten Menschen nur die Erde betrachten wollen. Es scheint eine besondere Faszination zu sein, die verschiedenen Länder […] vorbeigleiten zu sehen. Auch den Weltraum zu betrachten ist ein Genuss, da die Sterne viel klarer und heller ohne die Atmosphäre dazwischen erscheinen. Eine weitere Attraktion ist die Erfahrung der Schwerelosigkeit.

Beispiel für eine falsche Antwort: a) sie wollen die Erde betrachten; b) Erfahrungen machen

Erklärung: Die erste Antwort gibt knapp die beiden Gründe wieder. In der zweiten Antwort sind a) und b) nicht vollständig. Die Lösung ist somit falsch.
Das Fragezeichen bei Schritt 4 (S. 56) war also zu Recht gesetzt, beim zweiten Hören muss die Antwort a) ergänzt und die Antwort b) korrigiert werden.

Schritt 6

Im Anschluss an das zweite Hören des Hörtextes haben Sie etwas Zeit, Ihre Notizen zu überprüfen (1 Min., 15 Sek.). Achten Sie hierbei auf Verständlichkeit und die sprachliche Korrektheit Ihrer Notizen.
Danach erhalten Sie in der Prüfung 10 Minuten Zeit, um Ihre Lösungen aller drei Hörtexte auf das Antwortblatt zu übertragen.
In der Prüfung ist damit das Hörverstehen beendet.
Beim Training sollten Sie Ihre Stichwörter mit dem Transkript des Hörtextes vergleichen (Einleger, S. 7) und die Fehler analysieren. Hören Sie den Text noch ein drittes Mal.

1 10-11 Sie hören ein Gespräch mit Frau Professor Dr. Anneliese Schneider zum Thema „Geld".
Sie hören dieses Gespräch **zweimal**.

Lesen Sie jetzt die Aufgaben 19 – 25.

Hören Sie nun den Text ein erstes Mal.
Beantworten Sie beim Hören die Fragen 19 – 25 in Stichwörtern.

Wie wir mehr aus unserem Geld machen können

(0)	Wie definiert Frau Professor Schneider „Geld"?	(0)	*regelt wirtschaftliche Beziehungen; Tauschinstrument und Geldanlage; begehrte Ware und Machtinstrument.*
19	Was hat Geld in der Gesellschaft ermöglicht? (zwei Angaben)	19	a) ______ b) ______
20	Welche gesellschaftlichen Mechanismen wurden durch Geld überflüssig?	20	______
21	Was muss man verstehen, damit uns Geld eher dient als beherrscht?	21	______
22	Wann wird Geld zum Machtinstrument?	22	______
23	Was bedeutet es, Geld Ertrag bringend anzulegen?	23	______
24	Wie wird anhand des Beispiels die Umverteilung von Geld beschrieben?	24	______
25	Was müsste man nach Ansicht von Frau Professor Schneider in Bezug auf Geld begreifen?	25	______

Ergänzen Sie jetzt Ihre Stichwörter. Sie hören jetzt den Text ein zweites Mal.
Sie haben nun 10 Minuten Zeit, um Ihre Lösungen auf das Antwortblatt zu übertragen.

1 12-13 Sie hören ein Gespräch mit Professor Dr. Peter Wilderer, der innovative Technologien zum nachhaltigen Management entwickelt.
Sie hören dieses Gespräch **zweimal**.

Lesen Sie jetzt die Aufgaben 19–25.

Hören Sie nun den Text ein erstes Mal.
Beantworten Sie beim Hören die Fragen 19–25 in Stichwörtern.

Keine sinnvolle Technik ohne Kulturverständnis

(0)	Was muss getan werden, damit Armut in vielen Regionen der Welt überwunden werden kann?	(0)	*(eine) gesicherte Wasserversorgung und Sanitärtechnik*
19	Wie beurteilt Professor Wilderer die Verwendung von Trinkwasser als Transportmittel für Schmutzstoffe und Abfälle?	19	________________
20	Welche drei Säulen gehören zur Nachhaltigkeit in Bezug auf Wassermanagement?	20	________________
21	Nach welchem Verfahren funktioniert eine zeitgemäße Wassertechnologie?	21	________________
22	Welche beiden Beispiele werden für eine moderne und sinnvolle Nutzung von Wasser genannt?	22	a) ________________ b) ________________
23	Wer erkennt die Bedeutung der Entwicklung der Wassertechnologie am ehesten?	23	________________
24	Was konnte Prof. Wilderer durch die Zusammenarbeit mit Wissenschaftlern aus anderen Fachbereichen erreichen? (ein Beispiel)	24	________________
25	Welche Visionen will er durch seine Forschung verwirklichen? (zwei Beispiele)	25	________________ ________________

Ergänzen Sie jetzt Ihre Stichwörter. Sie hören jetzt den Text ein zweites Mal.
Sie haben nun 10 Minuten Zeit, um Ihre Lösungen auf das Antwortblatt zu übertragen.

Schriftlicher Ausdruck

Hinweise

Übersicht

Der Prüfungsteil Schriftlicher Ausdruck überprüft, inwieweit Sie zu einem bestimmten Thema einen zusammenhängenden und klar aufgebauten Text schreiben können. Es gibt zwei Aufgabenteile. Zunächst sollen Sie statistische Daten zum Thema präzise beschreiben und zusammenfassen, gegebenenfalls auch Zusammenhänge darstellen. Als Vorgabe dienen Grafiken, Tabellen oder Diagramme. Dabei geht es um die Wiedergabe der wichtigsten Informationen und je nach Aufgabe um den Vergleich von Angaben. In der Aufgabenstellung werden die Aspekte genannt, auf die Sie bei der Beschreibung eingehen sollen.

Beim zweiten Aufgabenteil „Argumentieren" sollen Sie zu einer Diskussionsfrage Stellung nehmen. Dabei wägen Sie zu einem Aspekt des Themas verschiedene Positionen ab und legen Ihren eigenen Standpunkt begründet dar. Die Vorgabe besteht aus Statements, gegensätzlichen Thesen oder einer offenen Frage. Wie im ersten Aufgabenteil werden auch bei der Aufgabenstellung für die Argumentation die zu bearbeitenden Aspekte aufgeführt.

Die folgende Tabelle stellt die Aufgabe zum Schriftlichen Ausdruck zusammenfassend dar.

Schreibhandlung	**Beschreiben**	**Argumentieren**
Prüfungsziel	Grafiken oder Diagramme versprachlichen Grafiken oder Diagramme vergleichen	verschiedene Standpunkte zu einem Thema wiedergeben, eine Stellungnahme dazu abgeben und eine eigene Position beziehen
Vorgaben	Statistiken, Diagramme	Thesen, Fragestellungen oder Statements
Dauer	60 Minuten zuzüglich 5 Minuten zum Lesen der Anleitung	

Prüfungshinweise

Bei der Prüfung haben Sie am Anfang fünf Minuten Zeit, um die Anleitung zu lesen. Anschließend haben Sie 60 Minuten Zeit, um die gesamte Schreibaufgabe zu lösen. Für die Beschreibung der Grafik sollten Sie ca. 20 Minuten und für die Argumentation ca. 40 Minuten einplanen. Wenn Sie Notizen machen oder Ihren Text auf dem Konzeptpapier vorschreiben, achten Sie darauf, dass das Übertragen des Textes auf den Schreibbogen nicht zuviel Zeit einnimmt und dass Sie den gesamten Text übertragen, der bewertet werden soll. Es wird nur gewertet, was auf dem Schreibbogen steht!

Ihr Text wird nach bestimmten Kriterien beurteilt und dadurch einer TestDaF-Niveaustufe (TDN) zugeordnet. Die Kriterien beziehen sich auf Gesamteindruck, Umsetzung der Aufgabe und sprachliche Realisierung. Lesen Sie dazu die folgenden Hinweise.

Was ist beim Schriftlichen Ausdruck zu berücksichtigen?

Die Leistungen der Prüfungsteilnehmer/innen werden nach drei Kriterien beurteilt. Dabei spielen folgende Aspekte eine Rolle:

1. Wie verständlich ist Ihr Text für eine Leserin oder einen Leser? (Gesamteindruck)
- Liest sich Ihr Text flüssig oder müssen Sie an manchen Stellen noch einmal lesen?
- Ist der Text sowohl zusammenhängend als auch klar gegliedert? Haben Sie eine Einleitung geschrieben? Gibt es Überleitungen zwischen den einzelnen Themenabschnitten?
- Haben Sie eine Schlussfolgerung, ein Fazit gezogen?
- Ist Ihr Gedankengang nachvollziehbar und logisch?

2. Passt Ihre Ausarbeitung zur Aufgabenstellung? (Umsetzung der Aufgabe)
- Haben Sie bei Ihrer Bearbeitung alle Teile der Aufgabenstellung hinreichend berücksichtigt oder fehlt noch etwas?
- zur Grafikbearbeitung: Haben Sie alle wichtigen Angaben der Grafik richtig wiedergegeben und ihre Aussage richtig zusammengefasst? Haben Sie dabei Entwicklungen aufgezeigt? Ist Ihre Beschreibung verständlich?
- zur Argumentation: Haben Sie begründet für oder gegen ein Problem argumentiert oder nur einfach Ihre Meinung geschrieben? Haben Sie die Vorteile und Nachteile einer Frage begründet diskutiert oder haben Sie sie eher aufgezählt? Haben Sie eine Schlussfolgerung gezogen?
- Sind Sie sachlich geblieben oder haben Sie eher nur Ihre persönliche Meinung aufgeschrieben?
- Haben Sie die Situation in Ihrem Heimatland anschaulich beschrieben und in Ihre Argumentation einbezogen?

3. Welche sprachlichen und stilistischen Mittel haben Sie benutzt? (sprachliche Realisierung)
- Haben Sie einen Text geschrieben, bei dem die Sätze miteinander verbunden sind? Gibt es textverbindende Elemente?
- Haben Sie auch Nebensätze und andere syntaktische Elemente benutzt?
- Haben Sie unterschiedliche Konjunktionen verwendet, um Ihren Text abwechslungsreich zu gestalten?
- Haben Sie versucht, einen breiten Wortschatz zu verwenden und möglichst genau zu formulieren? Sind die Verben variiert?
- Haben Sie viele sprachliche Fehler gemacht? Wichtig ist, dass sich der Text trotz einiger Fehler noch gut verstehen lässt.

Sprachreisen

60'

Über 150 000 Deutsche buchen jedes Jahr einen Sprachkurs im Ausland. Das Angebot auf dem Sprachreisemarkt reicht vom Ferienkurs mit wenigen Unterrichtsstunden pro Tag bis zum Intensivkurs mit einer 40-Stunden-Woche. Es gibt Angebote, die z. B. Skifahren oder Tanzen mit einem Sprachkurs kombinieren. Viele Veranstalter bieten auch Kurse für bestimmte Berufsgruppen an. Aber es geht vor allen Dingen darum, die neu erworbenen Vokabeln in der Praxis anzuwenden.

Schreiben Sie einen Text zum Thema „Sprachreisen".

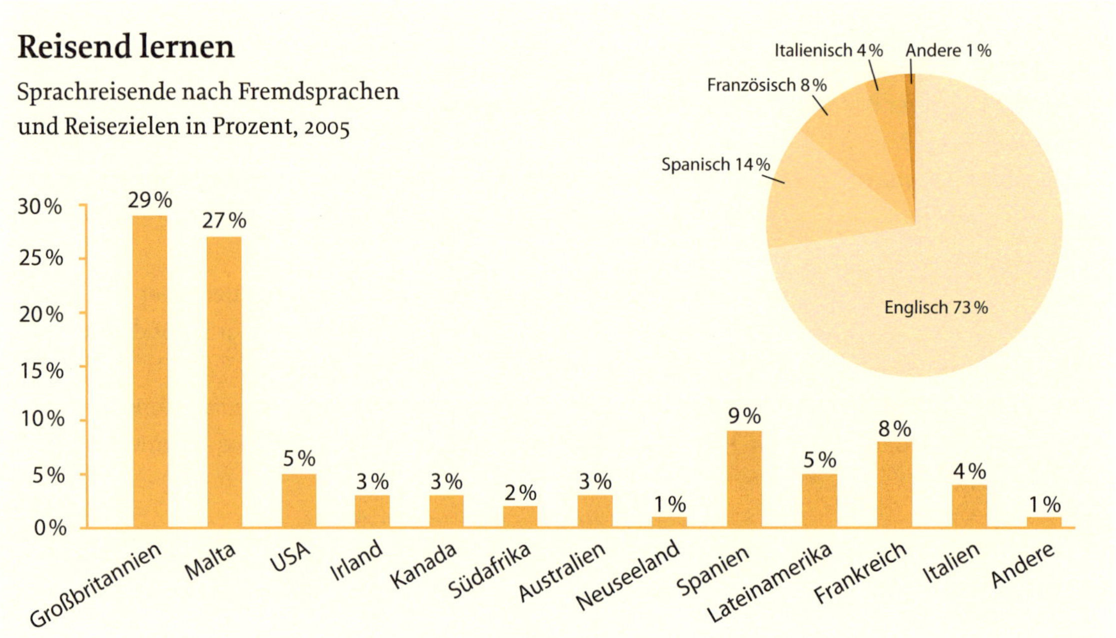

Quelle: FDSV (Fachverband Deutscher Sprachreise-Veranstalter e. V.)

- Beschreiben Sie, welche Fremdsprachen gewählt werden.
- Vergleichen Sie die Reiseziele mit der Wahl der Fremdsprachen.

Bei der Diskussion der Frage, ob durch Sprachreisen das Erlernen einer Fremdsprache erleichtert wird, gibt es unterschiedliche Meinungen:

Sprachreisen sind unnötig. Eine Sprache kann man immer und überall erlernen, wenn man motiviert und fleißig ist.

Durch Sprachreisen kann man eine Fremdsprache wesentlich leichter und im jeweiligen Land authentisch erlernen.

- Geben Sie die unterschiedlichen Meinungen mit Ihren eigenen Worten wieder.
- Nehmen Sie zu beiden Aussagen Stellung und begründen Sie Ihre Stellungnahme.
- Gehen Sie auch auf die Situation in Ihrem Heimatland ein.

Strategietraining

Für den Schriftlichen Ausdruck haben Sie 60 Minuten Zeit. Sie bekommen einen kurzen einführenden Text zu einem Thema, eine Grafik sowie Anweisungen zur Diskussion bzw. Argumentation.

Ihre Aufgabe besteht darin, einen zusammenhängenden Text zu schreiben, indem Sie die Grafik beschreiben und zur schriftlichen Aussage Stellung nehmen. Sie formulieren dabei einen eigenen Standpunkt und ziehen Schlussfolgerungen.

Im Folgenden zeigen wir Ihnen Schritt für Schritt, wie Sie sich auf den Schriftlichen Ausdruck vorbereiten können.

Schritt 1

Lesen Sie die gesamte Aufgabenstellung genau durch. Verschaffen Sie sich dabei mit dem kurzen Einführungstext und den Teilaufgaben einen Überblick über das Thema. Unterstreichen Sie die Schlüsselwörter und markieren Sie die wichtigsten Informationen. Es ist empfehlenswert, vor dem Schreiben des Textes eine Gliederung mit ***Einleitung***, ***Hauptteil*** und ***Schluss*** zu entwerfen.

TIPP *Beginnen Sie nicht sofort mit dem Schreiben!*

Schritt 2

Bearbeiten Sie nun den Einführungstext genauer, indem Sie die Schlüsselwörter markieren.

Sprachreisen

Über 150 000 Deutsche buchen jedes Jahr einen Sprachkurs im Ausland. Das Angebot auf dem Sprachreisemarkt reicht vom Ferienkurs mit wenigen Unterrichtsstunden pro Tag bis zum Intensivkurs mit einer 40-Stunden-Woche. Es gibt Angebote, die z. B. Skifahren oder Tanzen mit einem Sprachkurs kombinieren. Viele Veranstalter bieten auch Kurse für bestimmte Berufsgruppen an. Aber es geht vor allen Dingen darum, die neu erworbenen Vokabeln in der Praxis anzuwenden.

Dieser Text enthält Informationen zum Thema. Er hilft Ihnen, Teilaspekte, Probleme und Perspektiven zu verstehen. Er kann als Grundlage für Ihre eigene ***Einleitung*** dienen und Ideen für die Entwicklung eigener Gedanken geben. Sie können für Ihren Einleitungstext wichtige Informationen bzw. Schlüsselwörter aus dem Einführungstext verwenden. Sie können aber auch eigene Überlegungen zum Thema notieren. Beginnen Sie etwa mit einem aktuellen Beispiel bzw. mit der Definition eines Schlüsselbegriffs. Formulieren Sie nun einen Einleitungssatz oder -text. Folgende Redemittel helfen dabei:

Einen Einleitungstext schreiben

Die Entwicklung … zeigt, dass …
Unter … versteht man, dass …
Deshalb wird diskutiert, ob …
In diesem Zusammenhang stellt sich folgendes Problem: …

Fortsetzung

Dieses Beispiel macht deutlich, dass …
Betrachtet man die Entwicklung der letzten Jahre, so kann man feststellen, dass …

TIPP *Der Einleitungstext darf nicht zu lang sein: zwei bis drei Sätze!*

Der Schluss Ihrer Einleitung muss einen fließenden Übergang zur Grafikbeschreibung ermöglichen. Folgende Redemittel sind dafür geeignet:

Den Schluss der Einleitung formulieren

Bevor ich zu diesem Thema Stellung nehme, möchte ich einige Fakten mit einer Grafik verdeutlichen.
Zu diesem Thema möchte ich die folgende Grafik genauer erläutern.
Wichtige Informationen zu diesem Thema liefert uns die folgende Grafik.
Genauere Informationen zum Thema lassen sich aus der folgenden Grafik erschließen.
Einen genauen Überblick über … bietet die nachfolgende Grafik.
Als erstes möchte ich anhand der folgenden Grafik einige Daten präsentieren.

Schritt 3

Der ***Hauptteil*** enthält die Beschreibung der Grafik, die Wiedergabe der vorgegebenen Meinungen sowie Ihre Argumentation. Dazu sollten Sie sich die Abbildung genau ansehen, die Aufgabe durchlesen sowie sprachliche Mittel zur Überleitung notieren. Markieren Sie zunächst wichtige Angaben der Grafik: das Thema (Überschrift bzw. Untertitel), die Quelle, die Legende (Angaben zur Gruppe, zum Zeitraum, zu den Ländern o.ä.).

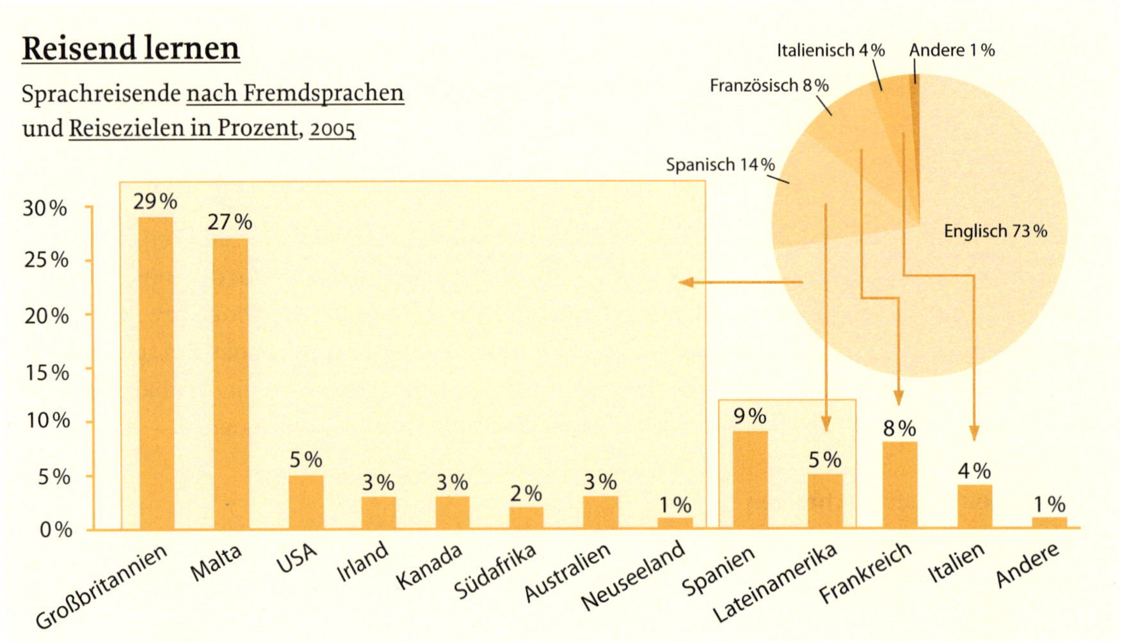

Quelle: FDSV (Fachverband Deutscher Sprachreise-Veranstalter e.V.)

Formulieren Sie Ihre Einleitung der Grafikbeschreibung mit Hilfe der folgenden Redemittel:

Eine Grafikbeschreibung einleiten

zum Thema: *Die Grafik liefert Informationen über …*
Die Grafik zeigt / veranschaulicht / verdeutlicht …
In der vorliegenden Grafik wird / werden … dargestellt.
Der Grafik ist … zu entnehmen. / Der Grafik ist zu entnehmen, dass …
Aus der Grafik wird … ersichtlich. / Aus der Grafik wird ersichtlich, dass …

zur Quelle: *Die Angaben / Daten / Informationen stammen von / aus …*
Als Quelle wird … angegeben.
Die Grafik mit dem Titel … stammt aus …

zur Legende: *Die Grafik beschreibt einen Zeitraum von … bis …*
Die Angaben erfolgen in Tausend / Millionen / Kilogramm / Prozent etc. …
Die Angaben beziehen sich auf den Zeitraum von … bis … / auf das Jahr …
Die Angaben umfassen die Periode / den Zeitraum von … bis …
Die Werte sind in … angegeben.
In der Grafik kann man … erkennen. / In der Grafik kann man erkennen, dass …

Schritt 4

Im nächsten Schritt geht es um die Auswertung der Grafik. Markieren Sie zunächst die Schlüsselwörter in den Aufgaben zur Grafik.

→ Beschreiben Sie, welche Fremdsprachen gewählt werden.
→ Vergleichen Sie die Reiseziele mit der Wahl der Fremdsprachen.

Versuchen Sie nun, die dazu passenden Informationen der Grafik zu entnehmen. Beachten Sie dabei: Es gibt Säulendiagramme, Balkendiagramme, Liniendiagramme und Kreisdiagramme (Tortendiagramme). Die Diagramme können statisch oder dynamisch sein. Die statische Grafik stellt einen Sachverhalt zu einem bestimmten Zeitpunkt dar. Die dynamische Grafik zeigt eine Entwicklung innerhalb einer bestimmten Periode auf. Im vorliegenden Beispiel handelt es sich um eine statische Grafik.

Notieren Sie die Informationen stichpunktartig. Beachten Sie dabei die Aufgabenstellung und bearbeiten Sie folgende Fragen:
- Welche Eckdaten werden genannt? Welche Informationen / Extremwerte müssen hervorgehoben werden? (hier: die am meisten und die am wenigsten gewählten Sprachen)
- Welche Maßangaben werden benutzt? (hier: Prozentzahl, Zeitraum)
- Welche Daten / Werte sollten verglichen werden? (hier: Sprachen / Reiseziele)
- Gibt es Gemeinsamkeiten zwischen den einzelnen Positionen? Kann man Gruppen bilden? (Gemeinsamkeiten hervorheben, Unterschiede / Auffälligkeiten aufzeigen)
- Wird eine Entwicklung dargestellt? (unterschiedliche Zeiträume beachten)

Stellen Sie nun Redemittel für die Grafikbeschreibung zusammen.

Eine statische Grafik beschreiben

Der Anteil / Der Prozentsatz / liegt bei …
Die Zahl … beträgt … / beläuft sich auf …
(Der) Spitzenreiter ist …
An erster (zweiter, dritter, letzter) Stelle steht …
Den ersten Platz belegt …
Der Mittelwert beträgt …
Im Mittelfeld befindet/befinden sich …

Eine dynamische Grafik beschreiben

ansteigen / wachsen / sich erhöhen:
von … auf … Prozent / Tausend / Millionen etc. …
um … Prozent / Tausend / Millionen etc. …

sinken / fallen / zurückgehen:
von … auf … Prozent / Tausend / Millionen etc. …
um … Prozent / Tausend / Millionen etc. …

Der Anstieg / Das Wachstum / Die Erhöhung beträgt …
Der Rückgang / Die Verringerung beträgt … / Die meisten / wenigsten …

In dem Beispiel „Reisend lernen" handelt es sich um eine statische Grafik, daher passen die Redemittel aus dem Kasten links.

Vergleichen

Im Vergleich zu / mit … / Verglichen mit …
Wenn man … vergleicht, dann erkennt man eine Erhöhung / eine Steigerung / einen Zuwachs / einen Rückgang / eine Abnahme/ eine Stagnation.
Im Gegensatz zu … / Im Unterschied zu …
Dagegen …
Während …

Hervorheben oder Betonen

… ist erheblich (an)gestiegen / hat sich stark erhöht / hat deutlich zugenommen / ist kontinuierlich gewachsen
… ist enorm gesunken / ist stark gefallen / hat sich erheblich reduziert / hat deutlich abgenommen / ist rückläufig / ist geringfügig zurückgegangen / hat sich kaum verringert

… hat sich verdoppelt / verdreifacht …

… ist konstant / ist unverändert / ist gleich geblieben

Auffallend / Auffällig / Bemerkenswert ist …
Was ins Auge springt, ist …

TIPP *Beschränken Sie sich auf die wichtigsten Angaben zur Grafik. Überlegen Sie sich die Reihenfolge, in der Sie die Daten beschreiben wollen.*

Schritt 5

Überlegen Sie sich den Schluss der Grafikbeschreibung. Nutzen Sie dabei die folgenden Formulierungshilfen:

Zusammenfassen

Zusammenfassend kann man sagen, dass …
Insgesamt sieht man …
Abschließend kann man sagen, dass …

Zeigen Sie bei der Zusammenfassung Tendenzen auf. Wiederholen Sie keine Informationen aus der Beschreibung. Ziehen Sie Schlussfolgerungen bzw. ein Fazit. Der Schlusssatz muss sich logisch aus der Grafikbeschreibung ergeben. Er kann aus einem oder mehreren Sätzen bestehen. Er muss den fließenden Übergang zum argumentativen Teil ermöglichen.

Beispiele:

Schlussfolgern / überleiten

Aus der Grafik kann man … schlussfolgern
Aus der Grafik kann man schlussfolgern, dass …
Aus den Daten kann man schließen, dass …
Die Grafik lässt die Tendenz erkennen, dass …

Schritt 6

Nach der Grafikauswertung folgt Ihre Argumentation. Lesen Sie zunächst die Aufgabe.

- → Geben Sie die unterschiedlichen Meinungen mit Ihren eigenen Worten wieder.
- → Nehmen Sie zu beiden Aussagen Stellung und begründen Sie Ihre Stellungnahme.
- → Gehen Sie auch auf die Situation in Ihrem Heimatland ein.

In diesem Beispiel müssen Sie zu zwei gegensätzlichen Thesen Stellung nehmen. Geben Sie zuerst die beiden Aussagen mit eigenen Worten wieder. Lesen Sie dazu die beiden Aussagen durch und markieren Sie die Schlüsselwörter.

Bei der Diskussion der Frage, ob durch Sprachreisen das Erlernen einer Fremdsprache erleichtert wird, gibt es unterschiedliche Meinungen:

Sprachreisen sind unnötig. Eine Sprache kann man immer und überall erlernen, wenn man motiviert und fleißig ist.

Durch Sprachreisen kann man eine Fremdsprache wesentlich leichter und im jeweiligen Land authentisch erlernen.

Notieren Sie nun passende Redemittel zur Überleitung in die Argumentation und zur Verknüpfung der beiden Aussagen. Versuchen Sie einen Teil der unterstrichenen Schlüsselwörter in der Aufgabe durch Synonyme und sinnverwandte Ausdrücke zu ersetzen oder umschreiben Sie sie.
Folgende Redemittel helfen Ihnen:

Aussagen verknüpfen

In der Diskussion um … werden folgende Meinungen vertreten / wird die Meinung vertreten, dass …
In der Diskussion über … werden zwei entgegengesetzte Meinungen vertreten.
Die einen sind der Meinung / Ansicht, dass …
Die anderen vertreten die Meinung / Auffassung / Ansicht, dass …
Während die einen … behaupten, meinen die anderen, dass …
Die Anhänger / Die Vertreter / Die Befürworter der einen Seite / Position behaupten, dass …
Dem widersprechen die Anhänger / die Vertreter / die Befürworter der Gegenposition.
Die Gegner … äußern Bedenken / äußern sich dazu wie folgt … / geben zu bedenken, dass …
Andere plädieren für …

Schritt 7

Lesen Sie nun die Standpunkte und entscheiden Sie, welcher Aussage Sie zustimmen.
Notieren Sie Redemittel für Pro- und Contra-Argumente. Notieren Sie auch Redemittel zur Formulierung der eigenen Meinung sowie für einen Schlusssatz der Argumentation.
Die Argumente müssen logisch aneinander gereiht und gegeneinander abgewogen werden.
Zu einer Argumentationsstrategie zählen eine Feststellung oder eine Forderung, die begründet und mit Beispielen und / oder eigenen Erfahrungen belegt werden sollte.

Zustimmung / Ablehnung

Ich stimme der Aussage zu, weil …
Ich lehne diese Meinung ab, weil …
Erstens / Zweitens bin ich der Auffassung, dass …

Denken Sie auch daran, Ihre Argumente zu gewichten und sprachlich miteinander zu verknüpfen bzw. gegeneinander abzuwägen.

Gewichten / gegeneinander abwägen / Pro- und Contra-Argumente

Zuerst / An erster Stelle steht …
Dann / Weiterhin / Ferner / Außerdem / Anschließend …
Es ist zu betonen / hervorzuheben, dass … /
Es ist zu unterscheiden, dass …
Es ist zwar zu bedenken, dass …, aber …
Aber nicht nur …, sondern auch …

Es stimmt zwar, dass …
Zwar … aber …
Obwohl …
Allerdings muss man bedenken, dass…
Auch sollte man bedenken, dass…

Fortsetzung

Ein weiteres Argument dafür / dagegen, ist…
Dafür / dagegen spricht auch …
Darüber hinaus … / Des Weiteren …
Man sollte nicht vergessen, dass…

TIPP *Überlegen Sie nicht zu lange, konzentrieren Sie sich auf die Argumente, die Sie anführen können.*

Zusammenfassung

Zum Schluss lässt sich sagen, dass …
Schließlich kann man behaupten, dass …
Abschließend möchte ich festhalten, dass …

Schritt 8

Formulieren Sie Ihren Standpunkt aus, wobei Sie zu beiden Aussagen Stellung nehmen. Dazu können Sie eventuelle Gegenargumente vorwegnehmen oder widerlegen.

Den eigenen Standpunkt ausdrücken

Meiner Meinung / Ansicht / Auffassung nach …
Ich gehe davon aus, dass …
Mein Standpunkt ist der Folgende: …
Ich vertrete den folgenden Standpunkt, weil …
Aus meiner Sicht …
Daher bin ich der Meinung / Ansicht / Auffassung, dass …

Schritt 9

Der ***Schluss*** enthält Ihre Aussagen zur Situation in Ihrem Heimatland im Vergleich zu Deutschland. Notieren Sie Stichpunkte und formulieren Sie sie dann aus.

Schritt 10

Arbeiten Sie nun Ihren Argumentationsteil vollständig aus und überprüfen Sie, ob Sie alle Punkte ausreichend behandelt haben.

TIPP *Lesen Sie den gesamten Text abschließend durch und korrigieren Sie Ihre Fehler.*
Überprüfen Sie, ob
- *Sie die richtigen Wörter und Ausdrücke gewählt haben,*
- *die Verbformen richtig sind,*
- *die Satzstellung stimmt,*
- *die Sätze miteinander verknüpft und Überleitungen vorhanden sind.*

Die Zukunft ist weiblich

60'

Nach einer Studie der Europäischen Union sind knapp zehn Prozent der Forscher in der deutschen Industrie weiblich. Deutschland ist damit Schlusslicht in Europa. So ist der Anteil der Absolventinnen in den Ingenieur- und Naturwissenschaften deutlich niedriger als in anderen EU-Staaten. Jetzt werden Naturwissenschaftlerinnen und Ingenieurinnen von der Industrie umworben, denn man hat herausgefunden, dass Forschungsteams aus Frauen und Männern produktiver sind.

Schreiben Sie einen Text zum Thema „Die Zukunft ist weiblich".

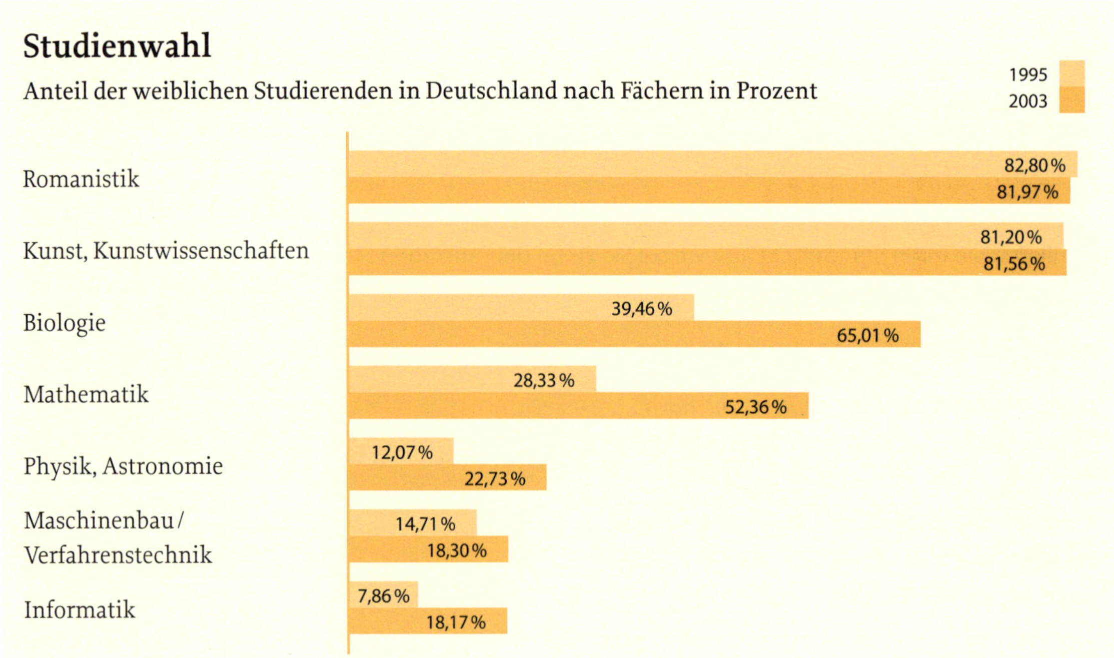

Quelle: Statistisches Bundesamt (Destatis)

- Beschreiben Sie, welche Studienfächer Studentinnen wählen.
- Vergleichen Sie die Entwicklung zwischen 1995 und 2003.

Fast alle Experten sind sich einig, dass Frauen mehr Unterstützung benötigen, um Familie und Beruf unter einen Hut zu bekommen. Bei der Frage der Realisierung gibt es jedoch unterschiedliche Meinungen:

Die Konzerne, also die Arbeitgeber, müssen Mitarbeiterinnen mit Kindern gute Karriere- und Arbeitsmöglichkeiten durch flexible Arbeitszeiten und Kinderbetreuung bieten.

Der Staat ist verantwortlich und sollte deshalb ausreichend Kindergärtenplätze zur Verfügung stellen sowie Ganztagsschulen mit Hausaufgabenbetreuung anbieten.

- Geben Sie die Meinungen mit Ihren eigenen Worten wieder.
- Nehmen Sie zu beiden Aussagen Stellung und begründen Sie Ihre Meinung.
- Gehen Sie auf die Situation in Ihrem Heimatland ein.

Finanzierung des Studiums

60'

Auch wer studiert, braucht Geld zum Leben. Dabei wird die Mehrzahl der Studierenden nach wie vor von den Eltern unterstützt – Tendenz steigend. Daran hat sich seit Anfang der 1990er Jahre nichts Wesentliches geändert. Die meisten Studierenden verdienen aber noch mit dazu. Außerdem gibt es unter bestimmten Umständen die Möglichkeit, staatliche Unterstützung zu bekommen, das so genannte BAföG.

Schreiben Sie einen Text zum Thema „Finanzierung des Studiums".

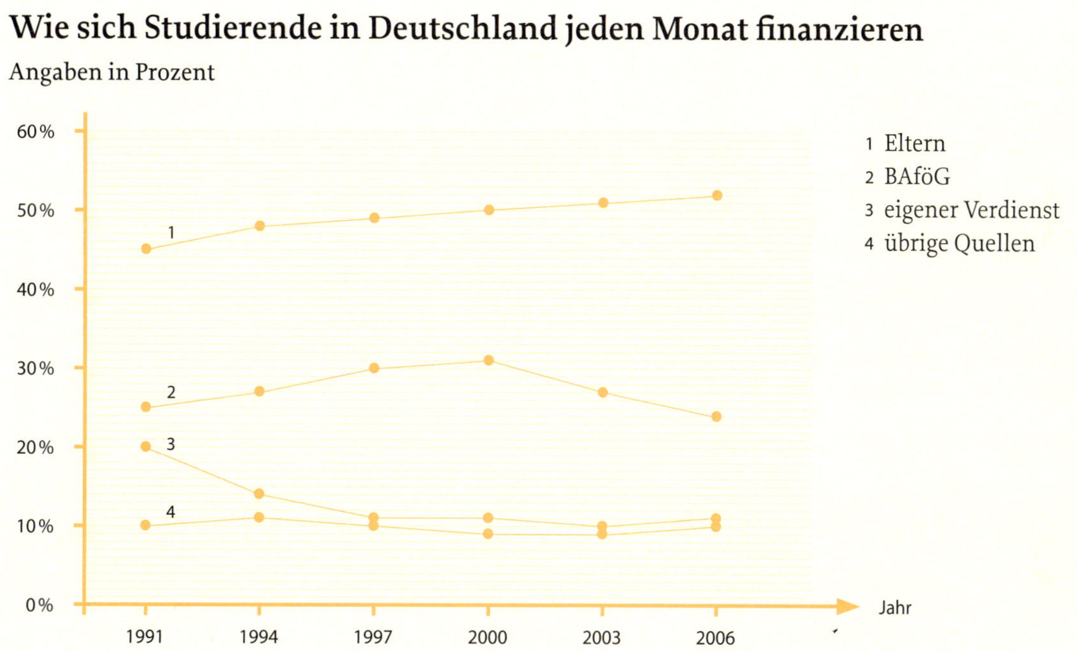

Quelle: Deutsches Studentenwerk / Hochschulinformationssystem, 18. Sozialerhebung

- Beschreiben Sie, wie Studierende ihr Studium finanzieren.
- Beziehen Sie dabei auch die Veränderungen in den Jahren von 1991 bis 2006 mit ein.

Zu der Frage, ob man neben dem Studium arbeiten sollte, werden verschiedene Meinungen vertreten:

Wenn man schon während des Studiums arbeitet, gewinnt man Berufserfahrung und kann berufliche Kontakte für die Zukunft knüpfen. Außerdem lernt man, seine Zeit besser einzuteilen.

Das Studium erfordert die gesamte Aufmerksamkeit und Energie. Durch Jobben verliert man Zeit und die Studiendauer verlängert sich. Außerdem sollte man auch Zeit für andere Aktivitäten und soziale Kontakte haben.

- Geben Sie die unterschiedlichen Meinungen mit Ihren eigenen Worten wieder.
- Nehmen Sie Stellung zu beiden Aussagen und begründen Sie Ihre Stellungnahme.
- Gehen Sie auch auf die Situation in Ihrem Heimatland ein.

Übersicht

Im Prüfungsteil Mündlicher Ausdruck sollen Sie nachweisen, dass Sie in der Lage sind, verschiedene Situationen im universitären Kontext und im studentischen Alltag sprachlich zu bewältigen. Der Prüfungsteil besteht aus sieben Aufgaben mit unterschiedlichem Schwierigkeitsgrad. Inhaltlich handelt es sich um verschiedene Situationen aus dem deutschen Hochschulleben. Es geht z. B. darum, eine Auskunft einzuholen, an Gesprächen unter Studierenden teilzunehmen oder Grafiken zu beschreiben. In den Aufgabenstellungen werden genau die Punkte genannt, auf die Sie eingehen sollen.

Dieser Prüfungsteil ist CD- oder kassettengesteuert. Die Aufgaben liegen in gedruckter Form vor und Sie hören sie gleichzeitig von der CD bzw. der Kassette. Ihre Antworten werden auf einer zweiten CD oder Kassette aufgenommen. Die CD bzw. die Kassette wird zentral gestartet und läuft ohne Unterbrechung bis zum Ende durch. Es ist kein authentisches Prüfungsgespräch und Sie haben während der Prüfung keine Möglichkeit, den Ablauf zu unterbrechen oder nachzufragen. Der Prüfungsteil Mündlicher Ausdruck dauert mit der Anleitung ca. 35 Minuten.

Den Besonderheiten dieser Prüfung stehen die folgenden Vorteile gegenüber:
- Die Abläufe sind standardisiert.
- Alle sieben Aufgaben sind immer nach dem gleichen Schema aufgebaut.
- Anweisungen, Hinweise u. ä. werden mehrfach wiederholt.
- Alle Fragen stehen im Aufgabenheft und kommen von einer CD oder Kassette. Sie können sie also gleichzeitig hören und lesen.

Die folgende Tabelle stellt die Aufgaben zum Mündlichen Ausdruck zusammenfassend dar.

Aufgabe	Thema	Sprechhandlung	Situation	Niveaustufe
1	persönliches Anliegen am Telefon vortragen	sich vorstellen und Informationen einholen	formell	TDN 3
2	Sachverhalt im Heimatland darstellen	berichten, beschreiben	informell	TDN 3
3	sachliche / wissenschaftliche Fragestellung	Informationen aus einer Grafik wiedergeben	formell	TDN 4
4	sachliches / politisches / - gesellschaftliches Problem	begründet Stellung nehmen, Vor- und Nachteile abwägen	formell	TDN 5
5	Problem aus der studentischen Erfahrungswelt	Stellung nehmen, Rat geben, Vor- und Nachteile / - Alternativen abwägen	informell	TDN 4
6	sachliche / wissenschaftliche Fragestellung	Hypothesen anhand einer Grafik entwickeln, vortragen	formell	TDN 5
7	persönliches Anliegen / - Problem	begründet Rat geben / Meinung darlegen	informell	TDN 3

Prüfungshinweise

In der Prüfung stellt Ihnen der Sprecher auf der CD bzw. der Kassette zunächst zwei Fragen: Sie sollen Ihre Teilnehmernummer und das Datum der Prüfung nennen. Dann hören Sie die Hinweise zum Prüfungsteil Mündlicher Ausdruck, die sie auch gleichzeitig mitlesen können. Hier wird genau erklärt, wie die Prüfung abläuft und worauf Sie achten sollen. Danach folgen die sieben Aufgaben.

Die Aufgaben sind unterschiedlich schwierig und liegen jeweils auf einer der drei TestDaF-Niveaustufen TDN 3, TDN 4 oder TDN 5. Sie müssen alle Aufgaben bearbeiten.

Die Schwierigkeit der Aufgaben wird durch verschiedene Elemente bestimmt. Bei jeder Aufgabe sollten Sie auf folgende Aspekte achten:
- In welcher Rolle agieren meine (fiktiven) Gesprächspartner bzw. Gesprächspartnerinnen? Ist es z. B. eine Kommilitonin, eine Freundin oder ist es ein Dozent / eine Dozentin im Seminar?
- Spreche ich mit einer Person oder spreche ich vor einem Auditorium, z. B. vor einem Seminar?
- Handelt es sich um eine formelle oder eine informelle Situation?
- Ist das Thema in der Aufgabe etwas Alltägliches, etwas Persönliches oder eine Frage in einem wissenschaftlichen Kontext?

Die Kriterien für die Beurteilung des Prüfungsteils Mündlicher Ausdruck sind für alle Niveaustufen gleich: Sie beziehen sich auf Gesamteindruck, Umsetzung der Aufgabe und sprachliche Realisierung. Lesen Sie dazu die folgenden Hinweise.

Was ist beim Mündlichen Ausdruck besonders zu berücksichtigen?

Ihre Leistungen werden in der Prüfung nach drei Kriterien beurteilt, auf die Sie auch in der Vorbereitung achten sollten. Nehmen Sie Ihre Antworten auf Kassette auf. Hören Sie sich die Antworten mehrmals an und überprüfen Sie sie nach diesen Kriterien.

1. Wie wirkt Ihre Äußerung auf eine Hörerin / einen Hörer? (Gesamteindruck)
- Ist Ihr Sprechtempo flüssig oder machen Sie viele Pausen?
- Ist Ihre Aussprache deutlich und gut zu verstehen?
- Ist Ihre Antwort gut strukturiert und der Gedankengang nachvollziehbar und logisch?

2. Passt Ihre Antwort / Reaktion zur Aufgabenstellung? (Umsetzung der Aufgabe)
- Haben Sie zum Thema der Aufgabe geantwortet?
- Haben Sie dabei alle Punkte der Aufgabe berücksichtigt?
- Haben Sie die Aufgabe erfüllt und dabei die Situation berücksichtigt, z. B. Stellung nehmen oder Rat geben (in einer formellen oder informellen Situation)?

3. Welche sprachlichen Mittel haben Sie benutzt? (Sprachliche Realisierung)
- Hört sich Ihre Antwort natürlich an?
- Ist Ihr Wortschatz variantenreich oder verwenden Sie immer wieder ähnliche Formulierungen?
- Benutzen Sie Nebensätze und andere syntaktische Elemente oder eher einfache Sätze?
- Kann man Ihre Äußerungen trotz Fehler gut verstehen?

1 14 Aufgabe 1

Sie haben den Aushang von einem Theaterseminar an Ihrer Universität gelesen.
Sie möchten teilnehmen und rufen deshalb dort an.

Stellen Sie sich vor.
Sagen Sie, warum Sie anrufen.
Fragen Sie nach Einzelheiten zum Theaterseminar.

30 Sek.

Sie: Vorbereitungszeit

…

Claudia Temeszitis:

30 Sek.

Sie: Sprechzeit

1 15 Aufgabe 2

Sie unterhalten sich mit anderen Studierenden aus Ihrem Seminar über Ferienjobs. Vor allem im Sommer arbeiten viele Studierende und versuchen rechtzeitig einen Job zu bekommen. Peter, ein Mitstudent, fragt Sie, wie es in Ihrem Heimatland ist.

Informieren Sie Peter darüber,
- **ob Studierende in den Ferien arbeiten und**
- **warum sie nach Ferienjobs suchen.**

1 Min.

Sie: Vorbereitungszeit

…

Peter:

1 Min.

Sie: Sprechzeit

1 16

Aufgabe 3

Sie nehmen an einem Landeskundekurs Ihrer Universität zum Thema „Berufschancen und Aufstiegsmöglichkeiten von Frauen in Europa" teil. Ihre Kursleiterin, Frau Atabai, hat Ihnen in diesem Zusammenhang eine Grafik gegeben. Frau Atabai bittet Sie, diese Grafik zu erläutern.

Beschreiben Sie zunächst den Aufbau der Grafik.
Fassen Sie dann die Informationen der Grafik zusammen.

1 Min.

Sie: Vorbereitungszeit

...

Frau Atabai:

1 Min. 30 Sek.

Sie: Sprechzeit

Führungspositionen von Frauen und Männern in der Industrie in Europa

Angaben in Prozent

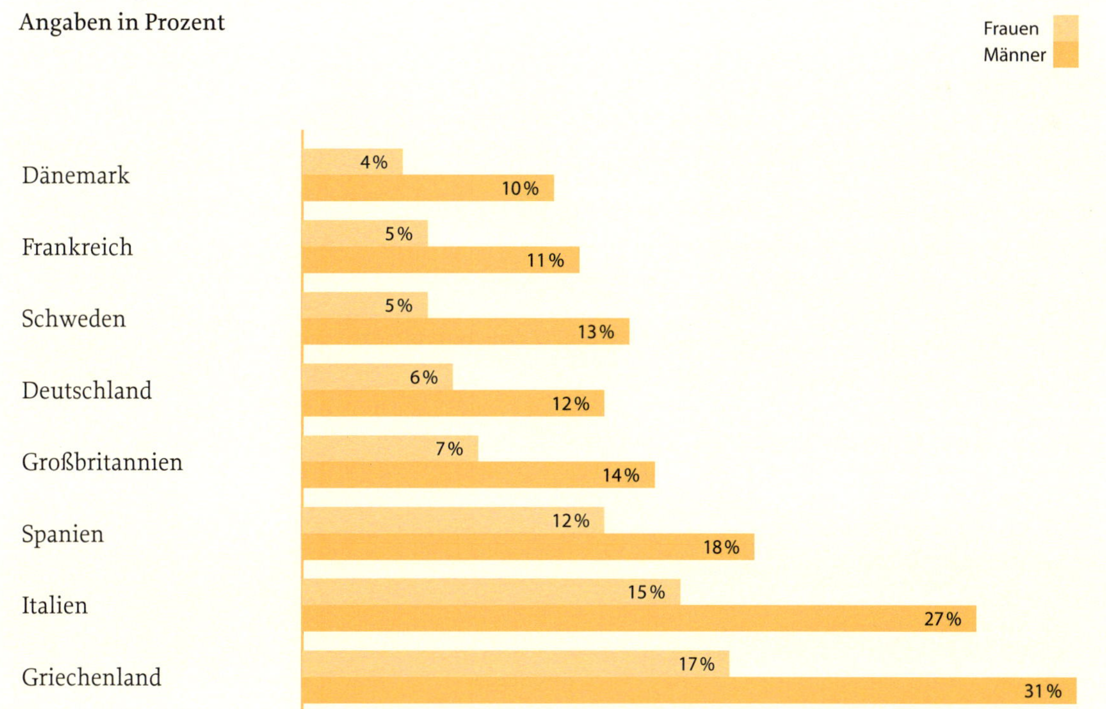

Nach: ZEIT-Grafik / Eurostat, 2005

1 17

Aufgabe 4

An Ihrer Universität wird über die Einführung von neuen Studiengängen diskutiert. In einer Diskussionsveranstaltung geht es darum, ob Berufstätige die Möglichkeit bekommen sollen, berufsbegleitend ein Studium zu absolvieren. Sie möchten sich an dieser Diskussion beteiligen und melden sich zu Wort. Frau Professor Bering fragt Sie nach Ihrer Meinung.

Nehmen Sie Stellung zu diesem Plan:
- **Wägen Sie die Vorteile und Nachteile dieses Plans ab.**
- **Begründen Sie Ihre Zustimmung oder Ablehnung.**

3 Min.

Sie: Vorbereitungszeit

...

Frau Professor Bering:

2 Min.

Sie: Sprechzeit

1 18

Aufgabe 5

Sie haben erfahren, dass Ihr Studiengang in Zukunft auch als Fernstudium angeboten wird. Ihre Mitstudentin Michaela überlegt, ob sie in das Fernstudium wechseln soll, damit sie halbtags arbeiten kann. Sie fragt Sie nach Ihrer Meinung.

Sagen Sie Michaela, wozu Sie ihr raten:
- **Wägen Sie die Vorteile und Nachteile der beiden Möglichkeiten ab.**
- **Begründen Sie Ihre Meinung.**

2 Min.

Sie: Vorbereitungszeit

...

Michaela:

1 Min. 30 Sek.

Sie: Sprechzeit

1 19

Aufgabe 6

In der heutigen Lehrveranstaltung geht es um den Zusammenhang von Arbeitslosigkeit und Bildungshintergrund. Herr Dr. Berger hat eine Grafik verteilt, die die Situation in Deutschland zeigt. Er bittet Sie, Ihre Überlegungen zu Gründen der bisherigen Entwicklung und zu den Auswirkungen vorzutragen.

Nennen Sie mögliche Gründe für die dargestellte Entwicklung.
Stellen Sie dar, welche Auswirkungen Sie erwarten.
Begründen Sie Ihre Überlegungen anhand der Grafik.

3 Min.

Sie: Vorbereitungszeit

...

Herr Dr. Berger:

2 Min.

Sie: Sprechzeit

Qualifikationsspezifische Arbeitslosenquote 1991 – 2005

Angaben in Prozent

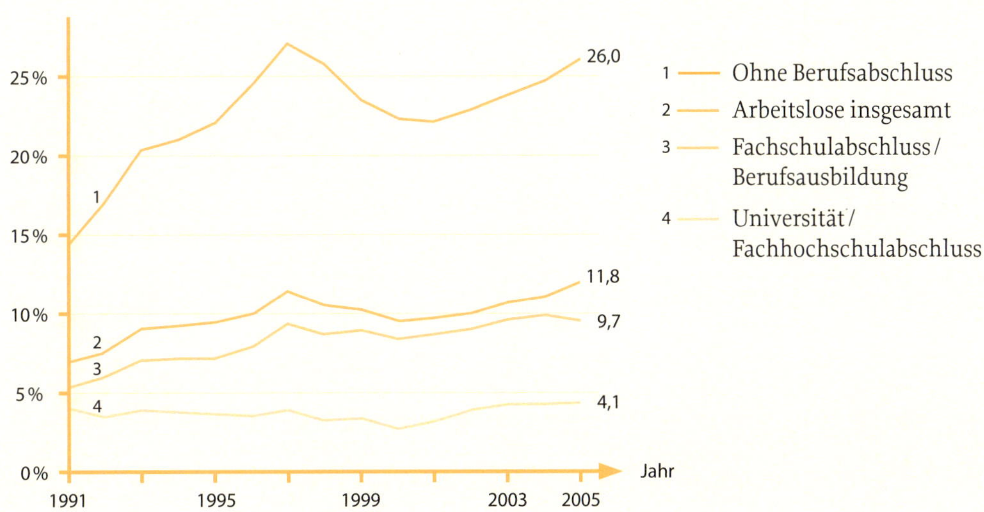

Quelle: Institut für Arbeitsmarkt- und Berufsforschung, 2007

1 20 Aufgabe 7

Sie sehen sich mit Ihrer Freundin Gabriela das Kursangebot im Bereich Sport an. Gabriela fragt Sie, ob sie einen Skikurs besuchen soll, der an vier Wochenenden angeboten wird. Allerdings kostet der Kurs 250 Euro. Gabriela fragt Sie nach Ihrer Meinung.

Sagen Sie Gabriela, ob Sie es für sinnvoll halten, an dem Kurs teilzunehmen.
Begründen Sie Ihre Meinung.

1 Min. 30 Sek.

Sie: Vorbereitungszeit

...

Gabriela:

1 Min. 30 Sek.

Sie: Sprechzeit

Strategietraining

Für den Mündlichen Ausdruck haben Sie mit der Anleitung ca. 35 Minuten Zeit. Sie bekommen sieben verschiedene Aufgaben, in denen Sie sprachlich reagieren sollen. Die Aufgaben sind standardisiert, haben einen unterschiedlichen Schwierigkeitsgrad und sind im Hochschulkontext oder im studentischen Alltagsleben angesiedelt.

Im Folgenden zeigen wir Ihnen Schritt für Schritt, wie Sie sich auf diesen Prüfungsteil und auf jede Aufgabe vorbereiten können.

Zu Beginn des Prüfungsteils Mündlicher Ausdrucks hören und lesen Sie allgemeine Informationen zum Aufbau und Ablauf der Prüfung.

TIPP *Legen Sie verschiedenfarbige Stifte bereit. Bei der Prüfung können Sie im Aufgabenheft Notizen machen.*

Nutzen Sie diese Zeit, um sich auf die Prüfungssituation einzustellen. Versuchen Sie, ruhig zu werden, falls Sie nervös sind. Sie sollten auch kontrollieren, ob Sie die Ansagen akustisch gut verstehen. Die Anleitung und die Aufgabenstellung liegen Ihnen auch in schriftlicher Form vor.
Dann beginnt die Prüfung. Sie werden gebeten, die Seite mit der ersten Aufgabe aufzuschlagen und die Aufgabe zu hören und mitzulesen.

- In jeder Aufgabe wird eine Situation im Hochschulkontext beschrieben, die Gesprächspartner werden genannt und das Anliegen wird thematisiert.
- Bei den Aufgaben 3 und 6 sollen Sie sich mit Grafiken auseinandersetzen.
- Bei jeder Aufgabe wird genau beschrieben, was Sie tun sollen.
- Sie werden bei jeder Aufgabe auf die Dauer der Vorbereitungs- und der Sprechzeiten hingewiesen, die unterschiedlich lang sind.
- Nach der Vorbereitungszeit hören Sie Ihren „Gesprächspartner" oder Ihre „Gesprächspartnerin" mit einem Impuls: einer Frage oder einer Aufforderung. Danach sollen Sie sprechen.
- Ein Signalton kündigt das Ende Ihrer Sprechzeit an. Sie haben danach noch fünf Sekunden Zeit.

TIPP *Es ist nicht entscheidend, wie viel Sie sprechen. Hören Sie auf, wenn Sie alles gesagt haben, was Sie sagen wollen. Sie können Ihren Satz nach dem Signalton noch zu Ende bringen.*

Alle Aufgaben liegen Ihnen auf dem Aufgabenblatt vor und werden Ihnen auch vorgelesen. Konzentrieren Sie sich nur auf die Aufgabe, die gerade vorgelesen wird und vor Ihnen liegt.

Bei allen Aufgaben sollten Sie folgendermaßen vorgehen:

Schritt 1

Analyse der Situation: Beim Hören und Lesen der Aufgabe analysieren Sie die Situation und stellen sich darauf ein. Unterstreichen Sie im Text Hinweise, die sich auf Ihre „Rolle" beziehen. Stellen Sie sich die Situation und Ihren Gesprächspartner / Ihre Gesprächspartnerin ganz konkret vor. Handelt es sich um eine formelle oder informelle Situation? Werden Sie geduzt oder gesiezt? Überlegen Sie, wie man in dieser Situation sprachlich reagieren kann.

TIPP *Einen Hinweis auf die Situation gibt auch der abgedruckte Name in der Aufgabenstellung. Lesen Sie z. B. nur einen Vornamen, ist die Situation informell und es wird geduzt.*

Schritt 2

Vorbereitung der Antwort: In der Vorbereitungszeit setzen Sie sich mit der Aufgabe inhaltlich auseinander. Das unterscheidet sich je nach Aufgabe. Notieren Sie nur Stichpunkte für Ihre Antwort. Üben Sie auch in diesem Prüfungsteil, Abkürzungen oder Symbole zu verwenden, damit Sie keine Zeit verlieren (vgl. dazu die Übung zur Vorbereitung des Hörverstehens auf S. 49).

Schritt 3

Lösen der Aufgabe: Nutzen Sie bei den Aufgaben 3, 4 und 6 auch die Redemittel, die Sie bei der Vorbereitung des Schriftlichen Ausdrucks gelernt und gesammelt haben. Versuchen Sie, diese passend und abwechslungsreich einzusetzen. Achten Sie darauf, deutlich und langsam zu sprechen. Passen Sie Intonation und Wortschatz an.

Wir zeigen Ihnen nun, wie Sie diese drei Schritte bei allen sieben Aufgaben durchführen können.

Aufgabe 1 (TDN 3)

Sie haben den Aushang von einem Theaterseminar an Ihrer Universität gelesen.
Sie möchten teilnehmen und rufen deshalb dort an.

Stellen Sie sich vor.
Sagen Sie, warum Sie anrufen.
Fragen Sie nach Einzelheiten zum Theaterseminar.

Claudia Temeszitis: *Fakultät für Theaterwissenschaften, Temeszitis, guten Tag!*

Sie: Vorbereitungszeit – **30 Sek.**

Sie: Sprechzeit – **30 Sek.**

Schritt 1

Analyse der Situation: Es handelt sich um einen formellen universitären Kontext. Das bedeutet Siezen und formelle Sprache.

Schritt 2

Sammeln Sie Ideen für das Gespräch, in diesem Fall z. B.: Sie wollen mitarbeiten, haben (keine) Erfahrungen in diesem Bereich, wollen den Treffpunkt und -ort des Seminars erfahren. Welche Verpflichtungen gibt es, wenn man teilnimmt? Muss man etwas bezahlen?

Schritt 3

Stellen Sie sich vor:

Hallo, mein Name ist … / Guten Tag, ich heiße …
Ich komme aus…

Holen Sie jetzt Informationen ein:

Ich rufe an, weil …. / Ich möchte gern wissen, ….
Können Sie mir sagen, … / Ich interessiere mich für …

Bedanken Sie sich und verabschieden Sie sich anschließend.

Aufgabe 2 (TDN 3)

Sie unterhalten sich mit anderen Studierenden aus Ihrem Seminar über Ferienjobs. Vor allem im Sommer arbeiten viele Studierende und versuchen rechtzeitig einen Job zu bekommen. Peter, ein Mitstudent, fragt Sie, wie es in Ihrem Heimatland ist.

Informieren Sie Peter darüber,
- **ob Studierende in den Ferien arbeiten und**
- **warum sie nach Ferienjobs suchen.**

Sag mal, wie sieht es eigentlich mit Ferienjobs bei euch aus?

Peter:

1 Min.

Sie: Vorbereitungszeit

1 Min.

Sie: Sprechzeit

Schritt 1

Situationsanalyse: Bei dieser Aufgabe handelt es sich um eine informelle Situation unter Studierenden. Sie sollen über Sachverhalte oder eigene Erfahrungen in Ihrem Heimatland berichten.

Schritt 2

Überlegen Sie, welche Erfahrungen Sie oder andere in Ihrem Land gemacht haben. Erzählen Sie in diesem Fall, wo Sie vielleicht selbst schon einmal gejobbt haben. Sie können auch sagen, ob das typisch ist in Ihrem Land. Gehen Sie auf die Gründe für Ferienjobs ein. Notieren Sie Stichpunkte.

Schritt 3

Die folgenden Redemittel helfen Ihnen beim Sprechen:

Ja, weißt du, bei uns ist das so …
Ich selbst habe schon einmal / noch nicht …
Normalerweise … / Die meisten …
Soweit ich weiß, …
Ich habe damit keine Erfahrung, habe aber gehört, dass …
Freunde von mir haben …

TIPP *Wenn Sie keine eigenen Erfahrungen haben, können Sie etwas „erfinden". Sie sollen zeigen, dass Sie sprachlich reagieren können. Es geht nicht darum, ob Ihre Äußerungen „wahr" sind.*

Aufgabe 3 (TDN 4)

Sie nehmen an einem Landeskundekurs Ihrer Universität zum Thema „Berufschancen und Aufstiegsmöglichkeiten von Frauen in Europa" teil. Ihre Kursleiterin, Frau Atabai, hat Ihnen in diesem Zusammenhang eine Grafik gegeben. Frau Atabai bittet Sie, diese Grafik zu erläutern.

Beschreiben Sie zunächst den Aufbau der Grafik.
Fassen Sie dann die Informationen der Grafik zusammen.

Frau Atabai: *Können Sie uns bitte die Grafik kurz vorstellen?*

Sie: Vorbereitungszeit — **1 Min.**

Sie: Sprechzeit — **1 Min. 30 Sek.**

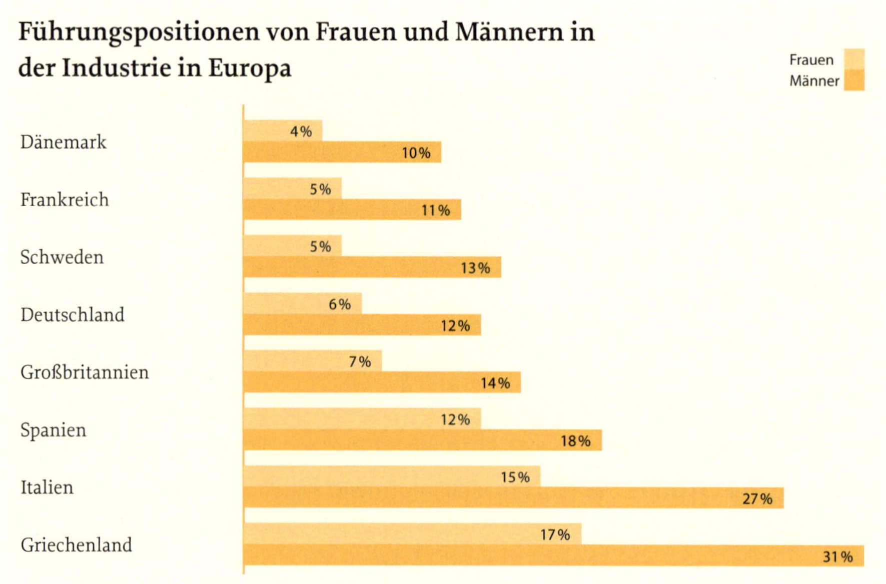

Nach: ZEIT-Grafik/Eurostat, 2005

Schritt 1

Situationsanalyse: Bei dieser Aufgabe geht es um eine Veranstaltung an der Universität, also eine formelle Situation. Sie werden im Rahmen eines Landeskundekurses, eines Deutschkurses oder eines Tutoriums aufgefordert, über eine Grafik zu sprechen. Die Sprache ist formell.

Schritt 2

Verschaffen Sie sich schnell einen Überblick über die Grafik, erfassen Sie dabei das Thema und zentrale Informationen. Markieren Sie die Eckdaten der Grafik und machen Sie sich dazu Notizen. Sie sollen nicht alle Angaben der Grafik wiedergeben, dazu reicht die Zeit auch nicht. Stattdessen sollen Sie die Daten zusammenfassen.

TIPP *Benutzen Sie Abkürzungen, um die Vorbereitungszeit effektiver nutzen zu können. Beschränken Sie sich auf wenige, aber zentrale Informationen. Vergessen Sie nicht den zweiten Punkt der Aufgabe, die Zusammenfassung. Die Quelle der Grafik müssen Sie nicht unbedingt nennen.*

Schritt 3

Beschreiben Sie zuerst den Aufbau der Grafik. Folgende Redemittel helfen Ihnen (vgl. auch die ausführlichen Redemittel zur Grafikbeschreibung auf S. 66):

Das Thema der Grafik ist … / Die Grafik stellt dar, … / liefert Informationen über …
DIe Informationen sind in Form eines Balken-/Kreisdiagramms dargestellt.

Fassen Sie nun den Inhalt der Grafik zusammen. Nutzen Sie die folgenden Redemittel:

Zusammenfassend kann man erwähnen, dass … / Insgesamt lässt sich sagen, dass …

Aufgabe 4 (TDN 5)

An Ihrer Universität wird über die Einführung von neuen Studiengängen diskutiert. In einer Diskussionsveranstaltung geht es darum, ob Berufstätige die Möglichkeit bekommen sollen, berufsbegleitend ein Studium zu absolvieren. Sie möchten sich an dieser Diskussion beteiligen und melden sich zu Wort. Frau Professor Bering fragt Sie nach Ihrer Meinung.

Nehmen Sie Stellung zu diesem Plan:
- **Wägen Sie die Vorteile und Nachteile dieses Plans ab.**
- **Begründen Sie Ihre Zustimmung oder Ablehnung.**

Was halten Sie von der Idee, ein berufsbegleitendes Studium anzubieten?

Frau Professor Bering:

Sie: Vorbereitungszeit — **3 Min.**

Sie: Sprechzeit — **2 Min.**

Schritt 1

Situationsanalyse: Bei dieser Aufgabe ist ein formeller Rahmen gegeben. Es handelt sich meist um eine Diskussion in einer universitären Veranstaltung. Sie sollen zu einem studien- oder universitätsbezogenen Thema die Vorteile und Nachteile darstellen und gegeneinander abwägen.

Schritt 2

Versuchen Sie schnell die Kernaspekte des Themas zu erfassen und Argumente zu finden, die Sie in pro und contra gliedern. Überlegen Sie auch schon, welche eigene Meinung Sie zum Thema vertreten wollen und wie Sie Ihre Meinung begründen können.

Schritt 3

Nutzen Sie die folgenden Redemittel zum Argumentieren (vgl. auch S. 68/69):

Auf der einen Seite … / Zum einen … / Zwar …	*Ich bin der Meinung, dass …*
Auf der anderen Seite … / Zum anderen jedoch …	Meiner Meinung nach …
Aber …	Ich meine / finde / denke, dass …

Aufgabe 5 (TDN 4)

Sie haben erfahren, dass Ihr Studiengang in Zukunft auch als Fernstudium angeboten wird. Ihre Mitstudentin Michaela überlegt, ob sie in das Fernstudium wechseln soll, damit sie halbtags arbeiten kann. Sie fragt Sie nach Ihrer Meinung.

Sagen Sie Michaela, wozu Sie ihr raten:
- **Wägen Sie die Vorteile und Nachteile der beiden Möglichkeiten ab.**
- **Begründen Sie Ihre Meinung.**

Ich würde gerne als Fernstudentin weitermachen. Wie findest du denn diese Idee?

Michaela:

2 Min.

Sie: Vorbereitungszeit

1 Min. 30 Sek.

Sie: Sprechzeit

Schritt 1

Situationsanalyse: Hier handelt es sich um eine informelle Situation, ein Gespräch unter Kommilitonen. Es wird ein Thema aufgebracht, zu dem es zwei Handlungsmöglichkeiten gibt.

Schritt 2

Überlegen Sie, was die Vorteile und Nachteile jeder Möglichkeit sein könnten. Wägen Sie diese dann gegeneinander ab und bereiten Sie einen Ratschlag für die Kommilitonin vor.

Schritt 3

Überlegen Sie, ob Sie erst alle Vorteile und dann alle Nachteile nennen oder ob Sie einem Vorteil gleich ein Gegenargument gegenüberstellen wollen. Variieren Sie beim Üben.
Nutzen Sie beim Sprechen folgende Redemittel:

Ich möchte dir zunächst einmal die Vorteile nennen: …	*Dann allerdings kann man nicht …*
Als Nachteile hingegen sehe ich, …	*An deiner Stelle würde ich …*

Aufgabe 6 (TDN 5)

In der heutigen Lehrveranstaltung geht es um den Zusammenhang von Arbeitslosigkeit und Bildungshintergrund. Herr Dr. Berger hat eine Grafik verteilt, die die Situation in Deutschland zeigt. Er bittet Sie, Ihre Überlegungen zu Gründen der bisherigen Entwicklung und zu den Auswirkungen vorzutragen.

Nennen Sie mögliche Gründe für die dargestellte Entwicklung.
Stellen Sie dar, welche Auswirkungen Sie erwarten.
Begründen Sie Ihre Überlegungen anhand der Grafik.

3 Min.

Sie: Vorbereitungszeit

Können Sie bitte die dargestellte Grafik kommentieren?

Herr Dr. Berger:

2 Min.

Sie: Sprechzeit

Qualifikationsspezifische Arbeitslosenquote 1991 – 2005

Angaben in Prozent

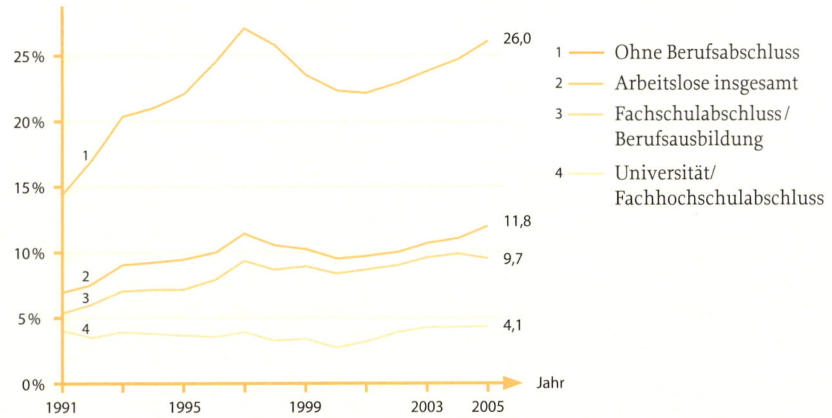

Quelle: Institut für Arbeitsmarkt- und Berufsforschung, 2007

Schritt 1

Situationsanalyse: Hier handelt es sich wieder um eine formelle Situation in einer Lehrveranstaltung. Sie sollen ausgehend von ein oder zwei Grafiken Gründe für die gezeigte Situation oder die bisherige Entwicklung nennen. Dann sollen Hypothesen zu denkbaren Auswirkungen aufgestellt werden.

Schritt 2

Erfassen Sie zuerst das Thema und sammeln Sie, was Sie dazu schon wissen. Hier in diesem Beispiel ist es die Entwicklung der Arbeitslosenzahlen sowie der Zusammenhang zwischen Arbeitslosigkeit und Ausbildung. Sie sollen die Grafik nicht beschreiben – das ist nicht Teil der Aufgabe! –, sondern nur kommentieren. Machen Sie sich Notizen und orientieren Sie sich beim Sprechen daran, damit Sie die Aufgabe innerhalb der vorgegebenen Redezeit bewältigen.

Schritt 3

Erklären Sie, wie es Ihrer Meinung nach zu dieser Entwicklung kommen konnte, in diesem Fall also, warum die Arbeitslosigkeit a) bei allen Qualifizierungsgruppen steigt und b) umso größer ist, je niedriger der Schulabschluss ist. Sprechen Sie anschließend über die möglichen Konsequenzen. Dafür sollten Sie mit der Grafik Belege oder Indikatoren geben. Nutzen Sie dazu die folgenden Redemittel:

Meiner Ansicht nach gibt es folgende Gründe / Ursachen für diese Situation / Entwicklung: …
Die Konsequenzen dieser Entwicklung sind meiner Meinung nach die folgenden: …
Diese Situation hat vermutlich / möglicherweise folgende Auswirkungen: …
Man kann davon ausgehen, dass … / Es ist anzunehmen, dass …

Aufgabe 7 (TDN 3)

Sie sehen sich mit Ihrer Freundin Gabriela das Kursangebot im Bereich Sport an. Gabriela fragt Sie, ob sie einen Skikurs besuchen soll, der an vier Wochenenden angeboten wird. Allerdings kostet der Kurs 250 Euro. Gabriela fragt Sie nach Ihrer Meinung.

Sagen Sie Gabriela, ob Sie es für sinnvoll halten, an dem Kurs teilzunehmen.
Begründen Sie Ihre Meinung.

Gabriela: Du, schau mal: Das ist ein toller Kurs! Soll ich den nicht machen?

Sie: Vorbereitungszeit – 1 Min. 30 Sek.

Sie: Sprechzeit – 1 Min. 30 Sek.

Schritt 1

Situationsanalyse: Sie sprechen hier mit einem Freund oder einer Freundin in einer informellen Situation. Das Thema ist dem studentischen Alltag entlehnt. Sie sollen Ihre Meinung zu einem Plan oder Vorhaben des Gesprächspartners / der Gesprächspartnerin darstellen und begründen.

Schritt 2

Stellen Sie schnell ein oder zwei Vor- und Nachteile des Vorhabens dar. Abschließend sollen Sie eine eindeutige Aussage für oder gegen den Plan formulieren und erläutern.

Schritt 3

Die folgenden Redemittel helfen Ihnen beim Sprechen:

Die Idee klingt sehr gut!	*Und man könnte dann auch …*	*Allerdings … / Jedoch …*
Du wolltest ja schon immer …	*Aber auf der anderen Seite …*	*An deiner Stelle würde ich …*

1 21

→ www

Aufgabe 1

Sie werden das nächste Semester an einem Austauschprogramm teilnehmen und haben vor vier Wochen Ihren Immatrikulationsantrag an das Internationale Büro der Universität Lübeck geschickt. Sie haben noch keine Antwort erhalten und möchten jetzt wissen, ob Ihre Anmeldung angekommen ist. Sie rufen beim Internationalen Büro an.

Stellen Sie sich vor.
Sagen Sie, warum Sie anrufen.
Fragen Sie nach Einzelheiten zum Austauschprogramm.

Sie: Vorbereitungszeit — **30 Sek.**

Herr Steffens: …

Sie: Sprechzeit — **30 Sek.**

1 22

→ www

Aufgabe 2

In Ihrer Wohngemeinschaft unterhalten Sie sich über die Notwendigkeit von Fremdsprachenkenntnissen und das Erlernen von Fremdsprachen in der Schule. Milena, eine Mitstudentin und Freundin, fragt Sie, wie es in Ihrem Heimatland ist.

Informieren Sie Milena darüber,
- **welche Fremdsprachen in der Schule und an der Universität angeboten werden,**
- **warum man Fremdsprachen lernt.**

Sie: Vorbereitungszeit — **1 Min.**

Milena: …

Sie: Sprechzeit — **1 Min.**

Aufgabe 3

1 23
→ www

Sie besuchen ein Tutorium für Erstsemester an Ihrer Universität. Im Rahmen des Themas „Rund ums Studium" sprechen Sie über Studentenjobs und darüber, welchen zeitlichen Umfang sie haben. Die Tutorin, Karin Silberbach, hat zwei Grafiken verteilt. Frau Silberbach bittet Sie, die Grafiken zu erläutern.

Beschreiben Sie zunächst den Aufbau der Grafiken.
Fassen Sie dann die Informationen der Grafiken zusammen.

Sie: Vorbereitungszeit — **1 Min.**

Karin Silberbach: …

Sie: Sprechzeit — **1 Min. 30 Sek.**

Studentenjobs in Deutschland

Anteil in Prozent

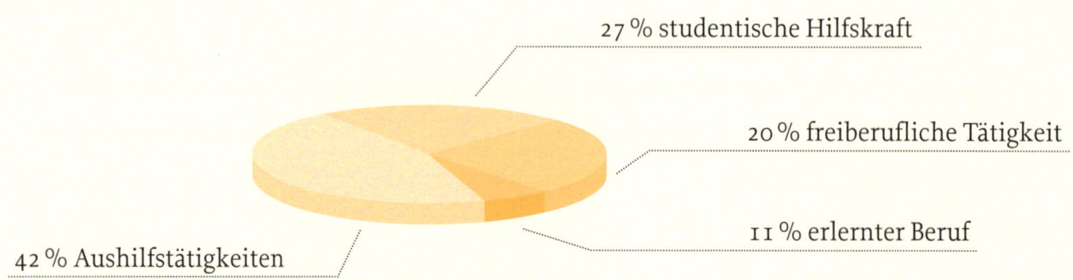

Zeitlicher Umfang der Studentenjobs

Angaben in Stunden pro Woche

Quelle: Deutsches Studentenwerk / Hochschulinformationssystem, 17. Sozialerhebung, 2004

Aufgabe 4

1 24
→ www

In einer Diskussionsveranstaltung an Ihrer Universität wird darüber gesprochen, ob Wirtschafts- und Industriekontakte in Form von Messen mit Unternehmen als fester Bestandteil innerhalb der Studienzeit angeboten werden sollen. Dadurch würde Studierenden und Absolventen der direkte Kontakt zu späteren Arbeitgebern ermöglicht. Sie möchten sich an dieser Diskussion beteiligen und melden sich zu Wort. Frau Professor Grieshaber fragt Sie nach Ihrer Meinung.

Nehmen Sie Stellung zu diesem Plan:
- **Wägen Sie Vorteile und Nachteile ab.**
- **Begründen Sie Ihre Zustimmung oder Ablehnung.**

Sie: Vorbereitungszeit – 3 Min.

Frau Professor Grieshaber: …

Sie: Sprechzeit – 2 Min.

Aufgabe 5

1 25
→ www

Ihr Freund Ronald studiert im dritten Semester Kommunikationswissenschaft und befasst sich mit dem Gedanken, sein Studienfach zu wechseln. Als Alternative hat er ein Betriebswirtschaftsstudium in Erwägung gezogen. Ronald fragt Sie nach Ihrer Meinung.

Sagen Sie Ronald, wozu Sie ihm raten:
- **Wägen Sie die Vorteile und Nachteile der beiden Möglichkeiten ab.**
- **Begründen Sie Ihre Meinung.**

Sie: Vorbereitungszeit – 2 Min.

Ronald: …

Sie: Sprechzeit – 1 Min. 30 Sek.

Aufgabe 6

1 26

→ www

Sie besuchen ein Seminar an der Technischen Universität München. Ihr Seminarleiter Dr. Herbert Escher hat eine Grafik mit dem Titel „Migrationsbewegungen zwischen Deutschland und dem Ausland" verteilt. Die Grafik zeigt die Zahl der Ein- und Auswanderungen im Zeitraum von 1991 bis 2003. Herr Dr. Escher bittet Sie zu erläutern, welche Gründe die abgebildete Entwicklung aus Ihrer Sicht hat und welche Folgen zu erwarten sind.

Nennen Sie mögliche Gründe für die dargestellte Entwicklung.
Stellen Sie dar, welche Konsequenzen Sie erwarten.
Begründen Sie Ihre Überlegungen anhand der Grafik.

3 Min.

Sie: Vorbereitungszeit

...

Herr Dr. Escher:

2 Min.

Sie: Sprechzeit

Migrationsbewegungen zwischen Deutschland und dem Ausland von 1991 bis 2003

Angaben in Tausend

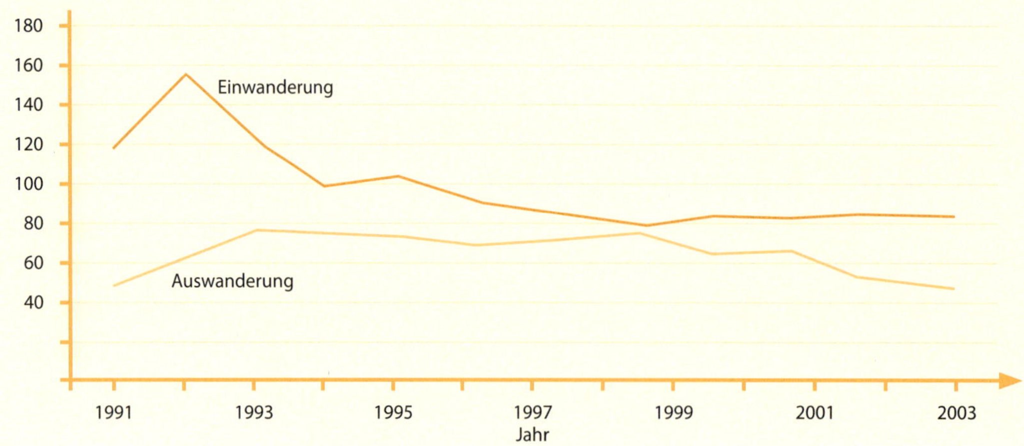

Quelle: Statistisches Bundesamt Deutschland, 2004

1 27

Aufgabe 7

→ www

Ihre Studienfreundin Jeannette überlegt, einen Computerkurs im Rechenzentrum der Universität zu besuchen. Der Computerkurs findet allerdings während des Semesters am Freitagabend statt. Jeannette fragt Sie nach Ihrer Meinung.

Sagen Sie Jeannette, ob Sie es für sinnvoll halten, an dem Kurs teilzunehmen.
Begründen Sie Ihre Meinung.

1 Min. 30 Sek.

Sie: Vorbereitungszeit

...

Jeannette:

1 Min. 30 Sek.

Sie: Sprechzeit

1 28
→ www

Aufgabe 1

Sie werden in fünf Wochen an einem Hochschulsommerkurs an der Universität Köln teilnehmen und brauchen noch das ausführliche Programm. Deshalb rufen Sie beim Internationalen Büro der Universität an.

Stellen Sie sich vor.
Sagen Sie, warum Sie anrufen.
Fragen Sie nach Einzelheiten zum Hochschulsommerkurs.

30 Sek.

Sie: Vorbereitungszeit

...

Frau Reiter:

30 Sek.

Sie: Sprechzeit

1 29
→ www

Aufgabe 2

Sie gehen mit einer Gruppe von Mitstudenten regelmäßig zum Hochschulsport, weil Sie in einer Volleyballmannschaft spielen. Roman, ein Mitstudent, fragt Sie, wie der Hochschulsport in Ihrem Heimatland organisiert ist.

Informieren Sie Roman darüber,
- **ob Hochschulsport angeboten wird,**
- **wie breit das Angebot ist,**
- **ob Sport als Pflicht- oder Wahlfach angeboten wird.**

1 Min.

Sie: Vorbereitungszeit

...

Roman:

1 Min.

Sie: Sprechzeit

1 30

Aufgabe 3

→ www

In Ihrem Landeskundekurs sprechen Sie heute über das Thema Studienfachwahl. Ihr Kursleiter, Herr Thiele, hat hierzu eine Grafik mitgebracht. Herr Thiele bittet Sie, diese Grafik zu beschreiben.

Beschreiben Sie zunächst den Aufbau der Grafik.
Fassen Sie dann die Informationen der Grafik zusammen.

1 Min.

Sie: Vorbereitungszeit

…

Herr Thiele:

1 Min. 30 Sek.

Sie: Sprechzeit

Studien-Hits

Die neun häufigsten Studienfächer im Wintersemester 2002/03

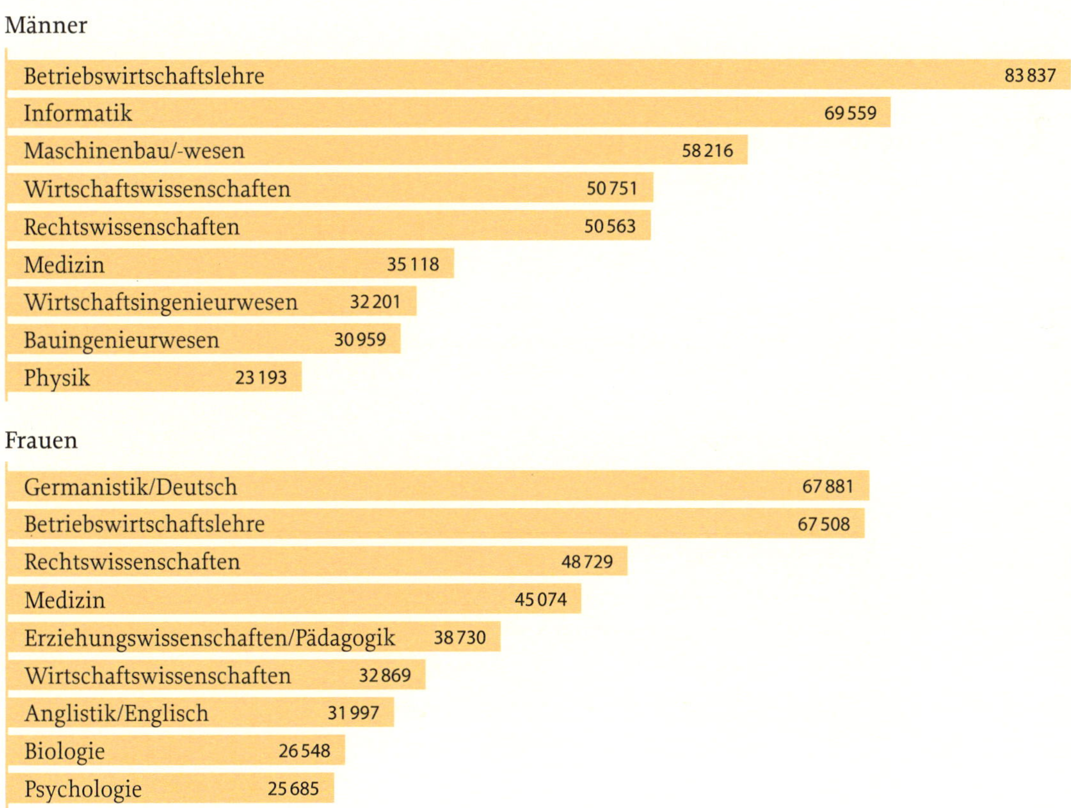

Quelle: Statistisches Bundesamt, 2004

1 31

→ www

Aufgabe 4

Im Rahmen von Sparmaßnahmen sind viele Universitäten gezwungen, das Angebot an Studienfächern zu reduzieren. An Ihrer Universität wird in einer Diskussionsveranstaltung darüber gesprochen, ob Fachrichtungen mit wenigen Studierenden in Zukunft wegfallen sollen. Sie möchten sich an der Diskussion beteiligen und melden sich zu Wort. Herr Professor Schenk fragt Sie nach Ihrer Meinung.

Nehmen Sie Stellung zu diesem Plan:
- **Wägen Sie die Vorteile und Nachteile dieser Maßnahme ab.**
- **Begründen Sie Ihre Zustimmung oder Ablehnung.**

Sie: Vorbereitungszeit — **3 Min.**

Professor Schenk: …

Sie: Sprechzeit — **2 Min.**

1 32

→ www

Aufgabe 5

Ihre Universität bietet im Rahmen der Europäischen Austauschprogramme die Möglichkeit, einen Teil des Studiums im Ausland zu absolvieren. Ihre Freundin Elke ist sich nicht sicher, ob sie dieses Angebot wahrnehmen oder doch besser das ganze Studium in Deutschland absolvieren soll. Sie fragt Sie nach Ihrer Meinung.

Sagen Sie Elke, wozu Sie ihr raten:
- **Wägen Sie die Vorteile und Nachteile der beiden Möglichkeiten ab.**
- **Begründen Sie Ihre Meinung.**

Sie: Vorbereitungszeit — **2 Min.**

Elke: …

Sie: Sprechzeit — **1 Min. 30 Sek.**

Aufgabe 6

1 33 → www

In Ihrem Ökologieseminar geht es heute um die weltweit zunehmenden Treibhausgas-Emissionen. Frau Dr. Klinger hat eine Grafik verteilt, die zeigt, welche Länder sich im Kyoto-Protokoll verpflichtet haben, die Emissionen zu reduzieren und weitere Maßnahmen für den Klimaschutz einzuführen.

Frau Dr. Klinger bittet Sie, Ihre Überlegungen zu Gründen der Situation und zu den Auswirkungen vorzutragen.
Nennen Sie mögliche Gründe für die dargestellte Situation.
Stellen Sie dar, welche Auswirkungen Sie erwarten.
Begründen Sie Ihre Überlegungen anhand der Grafik.

3 Min.

Sie: Vorbereitungszeit

...

Frau Dr. Klinger

2 Min.

Sie: Sprechzeit

Weltweite Treibhausgas-Emissionen im Jahr 1990

Angaben in Prozent

*haben im Kyoto-Protokoll keine Verpflichtungen zur Begrenzung der Treibhausgas-Emissionen übernommen

**haben im Kyoto-Protokoll Verpflichtungen zur Begrenzung der Treibhausgas-Emissionen übernommen

Quelle: Wuppertal Institut Klima, Umwelt, Energie

1 34

Aufgabe 7

→ www

Philipp, ein Mitstudent von Ihnen, hat erfahren, dass in Ihrer Fakultät eine Hilfskraft für die Bibliothek gesucht wird. Er überlegt, neben dem Studium stundenweise zu arbeiten. Er fragt Sie nach Ihrer Meinung.

Sagen Sie Philipp, was Sie von dieser Möglichkeit halten.
Begründen Sie Ihre Meinung.

Sie: Vorbereitungszeit — **1 Min.30 Sek.**

Philipp: …

Sie: Sprechzeit — **1 Min. 30 Sek.**

Wie arbeiten Sie mit dem Modelltest?

Mit dem folgenden Modelltest können Sie die Prüfungssituation simulieren. Sowohl die Länge der Lese- und Hörtexte, die Aufgaben und Items als auch die Zeitvorgaben entsprechen der TestDaF-Prüfung.

Wir empfehlen Ihnen, den Modelltest unter Prüfungsbedingungen zu lösen. Benutzen Sie daher keine Hilfsmittel.

Bearbeiten Sie zunächst die Aufgaben zum Leseverstehen und halten Sie sich dabei an die vorgegebenen Zeiten. Übertragen Sie Ihre Lösungen auf den Antwortbogen. Lösen Sie im Anschluss daran die Aufgaben zum Hörverstehen. Sie finden den Prüfungsteil Hörverstehen auf der CD 2 mit den genauen Zeiten und Pausen, wie sie dem TestDaF entsprechen; starten Sie die CD 2 bei Track Nr. 2. Wie in der Originalprüfung hören Sie den Hörtext 3 zweimal. Unterbrechen Sie daher die CD nicht. Übertragen Sie Ihre Lösungen auf den Antwortbogen.

Wir empfehlen Ihnen, wie in der Prüfung nach dem Hörverstehen eine Stunde Pause zu machen.

Bearbeiten Sie nun die Prüfungsteile Schriftlicher Ausdruck und Mündlicher Ausdruck. Auch beim Mündlichen Ausdruck finden Sie die komplette mündliche Prüfung mit allen Pausen für die Vorbereitungszeit und für die Sprechzeit auf CD 2. Starten Sie die CD 2 bei Track 5. Unterbrechen Sie die CD nicht. Nehmen Sie Ihre Antworten zum Mündlichen Ausdruck mit einem Kassettenrecorder bzw. einem Aufnahmegerät auf.

Kontrollieren Sie Ihre Lösungen, nachdem Sie alle Prüfungsteile bearbeitet haben.

Der Modelltest hilft Ihnen, Ihre Leistung realistisch einschätzen. Für die Prüfungsteile Leseverstehen und Hörverstehen können Sie anhand der Lösungen im Lösungsheft überprüfen, welcher Niveaustufe Ihre Ergebnisse zuzuordnen sind. Für den Schriftlichen und den Mündlichen Ausdruck ist eine solche Zuordnung nicht möglich, dennoch finden Sie in den Lösungsvorschlägen im Lösungsheft eine Orientierung zu Ihrer persönlichen Einschätzung in Form eines Erwartungshorizonts. Sie können hierbei überprüfen, ob Sie alle Punkte, die in der Aufgabe verlangt werden, berücksichtigt haben.

Bitte lesen Sie diese Informationen zur Prüfung TestDaF

ca. 3'

Liebe Teilnehmerin, lieber Teilnehmer,

Sie haben sich entschieden, den TestDaF abzulegen. Ziel dieser Prüfung ist es, Ihren sprachlichen Leistungsstand für ein Studium an einer Hochschule in Deutschland einzustufen.

Die Prüfung besteht aus vier Teilen:

1. Leseverstehen	Sie bearbeiten 3 Lesetexte mit 30 Aufgaben Bearbeitungszeit: 60 Minuten (inkl. 10 Minuten Übertragungszeit)
2. Hörverstehen	Sie bearbeiten 3 Hörtexte mit 25 Aufgaben. Bearbeitungszeit: 40 Minuten (inkl. 10 Minuten Übertragungszeit)
3. Schriftlicher Ausdruck	Sie schreiben einen Text zu einem bestimmten Thema. Bearbeitungszeit: 60 Minuten
4. Mündlicher Ausdruck	Sie bearbeiten 7 Aufgaben, d. h. Sie sprechen in 7 verschiedenen Situationen. Bearbeitungszeit: 30 Minuten

Bitte verwenden Sie bei der Bearbeitung der Aufgaben einen **schwarzen Kugelschreiber oder Stift bzw. schwarze Tinte**.

Zu den Prüfungsteilen Leseverstehen und Hörverstehen erhalten Sie jeweils ein Antwortblatt. Am Ende der Prüfungsteile Leseverstehen und Hörverstehen haben Sie jeweils 10 Minuten Zeit, um Ihre Antworten auf die Antwortblätter zu übertragen.

Nur Lösungen auf den Antwortblättern werden gewertet.

Bleiben Sie nicht zu lange bei einer Aufgabe, die Sie nicht lösen können.

Wir wünschen Ihnen viel Erfolg!

Zum Prüfungsteil Leseverstehen erhalten Sie ein **Antwortblatt**.

Am Ende des Prüfungsteils haben Sie 10 Minuten Zeit, um Ihre Lösungen auf das **Antwortblatt zu übertragen**.

Nur Lösungen auf dem Antwortblatt werden gewertet.

Achten Sie bitte darauf, das Antwortblatt korrekt auszufüllen. Hierzu finden Sie genaue Anweisungen auf dem Antwortblatt.

Städtereisen

10′

Sie befinden sich im Reisebüro auf dem Uni-Campus und suchen für Ihre Bekannten Städtereisen. Schreiben Sie in das Kästchen rechts den Buchstaben des passenden Reiseziels. Jedes Angebot kann nur einmal gewählt werden. Es gibt nicht für jeden Wunsch eine passende Stadt. Gibt es für eine Person oder Personengruppe kein geeignetes Angebot, dann schreiben Sie bitte den Buchstaben *I*.
Das Angebot im Beispiel kann nicht mehr gewählt werden.

Sie suchen eine Städtereise für …

01	… Ihren Mitbewohner, der Romanistik studiert und französische Architektur mag.	*A*	
02	… einen ausländischen Freund, der sich für spanische Kultur interessiert.	*I*	
1	… eine Freundin, die Slawistik studiert und ihre Russischkenntnisse anwenden möchte.		1
2	… Ihre Arbeitsgruppe, die sich für italienische Kunst und Kirchengeschichte interessiert.		2
3	… eine Kommilitonin, die Anglistik studiert und sich für Kunst interessiert.		3
4	… einen Doktoranden, der über griechische Architektur des Altertums promoviert.		4
5	… eine Studienkollegin, die nach ihrer Zwischenprüfung eine Reise nach Amerika plant.		5
6	… eine Bekannte, die sich für mittelalterliche Städte in Italien interessiert.		6
7	… einen Archäologie-Studenten, der an Ausgrabungen teilnehmen möchte.		7
8	… zwei Studentinnen, die während des Urlaubs eine andere Universität kennen lernen möchten.		8
9	… einen Diplomanden, der eine Radreise entlang der Donau machen möchte.		9
10	… einen Freund, der etwas Dänisch spricht und Nordeuropa erkunden möchte.		10

A

Für Architektur-Liebhaber

Da muss man wirklich rauf, denken sich die Touristen und steigen auf den Eiffelturm. Die außergewöhnliche Stahlkonstruktion mit ihren Nieten einmal von innen, statt von außen zu sehen, ist tatsächlich ein Erlebnis. Man hat anschließend das Gefühl, Paris gesehen zu haben.
Tipp: Oben im Turm einen Blick ins nachgebaute Büro von Gustave Eiffel werfen!

B

Der schiefe Turm

So schief ist der Turm von Pisa auch wieder nicht, wenn man direkt davor steht. Man kann zwar hinaufgehen, aber noch mehr lohnt es sich, in das mittelalterliche Stadtzentrum weiterzuziehen: Hier gibt es verwinkelte Gassen und kleine Bogengänge. Nette Bars laden zum Verweilen ein.
Tipp: Einen Besuch auf dem Gemüsemarkt im Metzgerviertel sollte man sich nicht entgehen lassen!

C

Die Stadt der Gegensätze

Hier am Roten Platz in Moskau prallen das neue und das alte Russland aufeinander. Rechts das Lenin-Mausoleum, gleich gegenüber das berühmte Luxuskaufhaus GUM. Von weitem läuten die Kremlglocken, und die Türmchen der Basilius-Kathedrale sind im Hintergrund erkennbar.
Tipp: Wer akzentfrei Russisch spricht, bezahlt an der Museums-Kasse keinen Ausländerzuschlag.

D

Die kleine Meerjungfrau

Kopenhagen ist nicht nur die Hauptstadt Dänemarks, sondern auch die facettenreichste Großstadt in Skandinavien. Ein Viertel aller Dänen lebt im Großraum Kopenhagen. Mit der gewaltigen Brückenverbindung nach Schweden kommt Kopenhagen nun eine noch größere Bedeutung in Skandinavien zu.
Tipp: Die Meerjungfrau als Symbol der Stadt bewundern.

E

Die goldene Stadt

Kein Meter ohne Porträtmaler, Puppenspieler, Postkartenverkäufer, Töpfer oder Jazzmusiker auf der Karlsbrücke in Prag, einem Wahrzeichen der Stadt. Nicht zu vergessen ist auch die Karlsuniversität als eine der ältesten Universitäten in Europa.
Tipp: Studierende können im Juli und August jeden Mittwoch einen Rundgang durch die Karlsuniversität machen und anschließend eine Vorlesung zur Stadtgeschichte besuchen.

F

Wo die Queen wohnt

Grau und imposant sind die Häuser des alten London. Eines davon ist der Buckingham Palace, der Regierungssitz und die Residenz der Englischen Königin. Die schwarz bemützten Wachen sind ein beliebtes Fotomotiv für Touristen.
Tipp: In die Tate Gallery of Modern Art gehen und eine Ausstellung besuchen.

G

Auf den Spuren der Antike

Durch enge Gassen gelangt man durch die Plaka, Athens ältestes Stadtviertel, auf die Akropolis, den antiken Tempelbezirk mit dem Parthenon. Dabei kann man alteingesessenen griechischen Familien durchs Küchenfenster schauen. Auf der Akropolis angekommen, hat man einen fantastischen Blick über die ganze Stadt.
Tipp: Auf dem Rückweg auf den Aeropag-Felsen klettern, wo sich heute Athens Jugend zum Feiern trifft.

H

Zentrum des Katholizismus

Rom – All die Pracht, das Silber und Gold, die Heiligenstatuen und Altäre lassen jeden Touristen staunen. Der Petersdom beeindruckt durch seine Vergangenheit und Architektur. Staunend schlendert man kreuz und quer durch dieses 1500 Quadratmeter große Bauwerk mit der berühmten Pietà von Michelangelo.
Tipp: Eine Pause auf der bekannten Piazza della Rotonda vor dem Pantheon machen.

Lesen Sie den Text und lösen Sie die Aufgaben.

20'

„Kinder bringen Leben in die Bude"

In einem nahezu einzigartigen Projekt im Dreiländereck Sachsen-Bayern-Tschechien reichen alte und junge Menschen einander die Hände.

„Ach, wie wunderbar: Die Kinder sind da!" Die Augen von Anne S., Bewohnerin des Altenpflegeheims, leuchten auf und ihre Wangen röten sich vor Aufregung: „Die Kinder", das sind Jungen und Mädchen im Kindergartenalter, die zu einem kleinen Rollenspiel mit Liedern zu den Senioren einen Stock höher gekommen sind. Ihr Kindergarten ist nämlich im Erdgeschoss des Altenpflegeheims untergebracht. Alles unter einem Dach – so lautet hier das Konzept, das alte und ganz junge Menschen in Kontakt miteinander bringt.

Die Brücke zwischen den verschiedenen Lebenswelten der Generationen wird hier „intergeneratives Konzept" genannt. Durch das Zusammenleben unter einem Dach soll nicht nur das Verständnis füreinander gefördert werden, sondern Alt und Jung können auch Gemeinsamkeiten entdecken. Mit den Kindern soll Leben in den Alltag der älteren Menschen und mehr Öffentlichkeit in das Altenpflegeheim kommen, allein schon dadurch, dass die Eltern hier täglich ihre Kinder hinbringen und wieder abholen.

Doch auch im Alltag der unterschiedlichen Generationen gibt es vielerlei Berührungspunkte: So werden Frühstück und Mittagessen teilweise gemeinsam eingenommen und auch Aktivitäten wie Backen und Kochen finden statt. Eines der Ziele ist es, die alten Menschen erfahren zu lassen, dass sie immer noch gebraucht werden. „Es ist eine fröhliche Atmosphäre, wenn Kinder da sind!", erläutert Manfred Meckel. „Den Senioren gefällt das sehr gut, so wie früher üblich unter einem Dach zu leben." Die Alten haben ihre Rückzugsmöglichkeiten in ihre Wohneinheiten, doch auf den Fluren und in den Gemeinschaftsräumen sind Begegnungen jederzeit möglich.

Für pflegebedürftige Menschen ist der Einschnitt beim Eintritt ins Heim meist gravierend: „Alte Menschen erleben ganz viele Verluste, wenn sie ins Pflegeheim kommen. Wir wollen, dass sie erleben, dass es auch in dieser Lebensphase Freude, Bewegung und Aktivitäten geben kann. Denn nicht der Körper braucht in erster Linie Pflege – eigentlich ist unsere Hauptaufgabe die Seelenpflege", sagt Meckel. Für ihn und sein Pflegeteam ist es die schönste Belohnung, wenn ein alter Mensch, der in sich gekehrt wirkt, sich öffnet und einem Kind zuwendet. Oft sind es zunächst ganz vorsichtige Annäherungen in Gesten oder sanften Berührungen, doch dann kann es manchmal richtig laut und lebhaft zugehen. Wie kürzlich, als die Jungen und die Alten gemeinsam Puppenkleider gewaschen haben. „Ursprünglich war geplant, dass Alte und Junge etwa einmal pro Woche etwas zusammen unternehmen, doch schon bald fragten die Senioren: Wollen wir zu den Kindern hinuntergehen?", erinnert sich die Ergotherapeutin Annegret Niedhardt.

Für die Kinder ist es schön, dass die Heimbewohner viel Zeit für sie haben – etwas, das die eigenen Eltern und Großeltern nicht bieten können. Als große Bereicherung empfinden nicht nur die beteiligten Senioren und Kinder das intergenerative Zusammensein, sondern auch die Eltern der Kinder. So betont Mandy K.: „Meine Tochter Hannah ist vier Jahre alt und sie liebt dies alles hier sehr. Sie turnt gerne mit den Alten und der Ergotherapeutin. Es ist ein ganz großer Vorteil, dass die Kinder mit den alten Menschen zusammen sein können. Sie lernen umsichtig und einfühlsam zu sein."

Andreas G., Vater von zwei Kindern, sieht in dem intergenerativen Konzept eine zukunftsweisende Dimension: „Wir finden den Ansatz super! Künftig müssen alle Menschen in der Gesellschaft mehr Verantwortung für die Alten übernehmen, da ist dies hier ein guter Beginn."

Markieren Sie die richtige Antwort (A, B oder C).

(0) Die Jungen und Mädchen aus dem Kindergarten
Lösung: **C**
A sind aufgeregt und ihre Wangen röten sich.
B spielen morgens auf dem Spielplatz.
C zeigen den Senioren ein Rollenspiel.

11. Das Konzept
A enthält Freizeitangebote für junge und alte Menschen.
B fördert den Kontakt zwischen alten und jungen Menschen.
C will die Beziehung zwischen Eltern und Kindern verbessern.

12. Die Begegnung von Jung und Alt
A bringt auch den Eltern mehr Freude im Alltag.
B wird durch Berührungspunkte im Alltag ermöglicht.
C wurde von den Heimbewohnern organisiert.

13. Die Heimleitung möchte durch dieses Programm
A das Altenheim und den Kindergarten in einem Stockwerk integrieren.
B dem Kindergarten künftig eine zentrale Stellung einräumen.
C den älteren Menschen zeigen, dass sie noch nützlich sind.

14. Die Heimbewohner
A können darüber entscheiden, ob sie mit den Kindern zusammen sein wollen.
B sollen an diesem Programm teilnehmen und Vorschläge einbringen.
C treffen sich mit den Kindern täglich und unternehmen etwas gemeinsam.

15. Wenn pflegebedürftige Menschen in ein Seniorenwohnheim ziehen,
A haben sie auch weiterhin Kontakt zur Familie.
B können sie darüber entscheiden, wie ihr Alltag aussehen soll.
C verändert sich für sie so gut wie alles in ihrem Leben.

16. Der Tagesablauf des Pflegeteams
A ermöglicht den Heimbewohnern ein selbstständiges Leben.
B legt genau fest, wie viel Pflege den Heimbewohnern zusteht.
C umfasst die körperliche und die seelische Pflege der Heimbewohner.

17. Neben den geplanten Terminen gibt es
A auch spontane Aktivitäten zwischen den Senioren und den Kindern.
B Ausflüge in die Umgebung, die von den Senioren organisiert werden.
C spontane Aktivitäten mit einer Schule in der Umgebung.

18. Weil die Senioren im Heim viel Zeit haben,
A genießen die Kinder diese Begegnungen.
B ist es für die Eltern nicht immer einfach.
C sind die Großeltern nicht mehr gefragt.

19. Im Alltag mit den alten Menschen
A erwerben Kinder ein besseres Sozialverhalten.
B sind Kinder nicht so spontan wie sonst.
C werden Kinder mit mehr Problemen konfrontiert.

20. Das intergenerative Konzept zeigt,
A dass ein solches Projekt nicht überall umgesetzt werden kann.
B wie Generationen näher zusammengebracht werden können.
C wie leicht es sein kann, neue Strukturen in der Gesellschaft zu etablieren.

Lesen Sie den Text und lösen Sie die Aufgaben.

20'

Das Gehirn lernt lebenslang

Jahrzehntelang galt es als gesichert, dass sich im erwachsenen Gehirn keine neuen Nervenzellen bilden. Doch mittlerweile ist bewiesen, dass in zwei kleinen Bereichen des Gehirns lebenslang neue Neuronen wachsen. Bisher ist allerdings unklar, ob diese wenigen neuen Zellen überhaupt eine Funktion haben. Forscher des Bernstein-Zentrums Berlin belegen nun mit Hilfe mathematischer Modelle den Nutzen dieser neuen „Pfade".

Neue Nervenzellen zu produzieren, ist für den Körper anstrengend und aufwändig. Wieso betreibt das Gehirn dennoch in der empfindlichen Lern-Schaltzentrale des Hippocampus lebenslang einen solch immensen Aufwand? fragt Dr. Gerd Kempermann vom Berliner Bernstein-Zentrum. Wenn sich die Natur so etwas ausdenkt, müsse es einen Nutzen haben, folgert der Wissenschaftler. Im Hippocampus werden Informationen aufgenommen, verarbeitet und in andere Gedächtnisregionen weitergereicht. Täglich prasseln unterschiedlichste Eindrücke, Gefühle, Bilder, Worte, Geräusche oder Situationen auf uns ein – wichtige und unwichtige, alte und neue. Alle passieren sie diese kleine Gehirnregion. Es stellt sich nun die Frage, wie lebenslang neue Informationen verarbeitet werden können, ohne dass irgendwann alte Informationen verloren gehen. Gemeinsam mit einem Kollegen hat nun der Berliner Forscher einen theoretischen Ansatz entwickelt, um herauszufinden, welche tatsächlichen Vorteile neue Nervenzellen in diesem speziellen Netzwerk haben. Denn neue Nervenzellen ohne Plan in ein bestehendes Netz zu werfen, ist wenig sinnvoll. Sie müssen einen strategischen Nutzen bringen, sonst würde sich der Aufwand nicht lohnen.

Eine Theorie hierzu ist, dass durch das gezielte Anlegen neuer Nervenzellen und Knotenpunkte das alte Netzwerk stabil laufen kann, aber gleichzeitig für neue Inhalte offen ist. Untermauert sehen die Wissenschaftler diesen Forschungsansatz durch eine biologische Tatsache: Im jungen Gehirn, das täglich viel Neues sieht und erlebt, werden pro Tag Tausende neuer Nervenzellen im Hippocampus angelegt. Dadurch werden neue Verknüpfungen aufgebaut. Im älteren Gehirn entsteht durchschnittlich nur noch eine Nervenzelle pro Tag. Das ältere Gehirn hat schon viel in seinem Leben erfahren und erlebt. Es nutzt die vorhandenen Pfade, um beispielsweise neue Worte zu lernen, die aus bekannten Buchstaben bestehen. Will man aber eine neue Sprache lernen, die statt der bekannten lateinischen Buchstaben chinesische Schriftzeichen enthält, wird nach Annahme der Wissenschaftler ein neuer Knoten im Netzwerk der Nervenzellen notwendig.

Um diese Theorie zu testen, entwickelte Laurenz Wiskott ein Computermodell, das unterschiedliche Lernstrategien nachstellt. Es stellte sich heraus, dass ohne das Anlegen neuer Pfade alte Pfade und Inhalte überschrieben werden mussten, um neue Aufgaben zu lösen. Gab man dem Computer jedoch die Gelegenheit, einige wenige neue Pfade hinzuzufügen, lief das alte Netzwerk stabil und auch die neuen Aufgaben wurden bewältigt.

Das Computermodell liefert präzise Antworten, wie viel ein einzelner neuer Informationspfad, strategisch sinnvoll platziert, an Leistungszuwachs bringt.

Die Wissenschaftler haben große Erwartungen an dieses Modell. Sie wollen mit dessen Hilfe entschlüsseln, was passiert, wenn die Entwicklung von neuen Nervenzellen im Hippocampus gestört ist. Bei Depressionen, Demenzen und auch bei Schizophrenie wird eine solche Störung vermutet. Zunächst erscheint es nicht viel, wenn bei der Entwicklung einer Nervenzelle pro Tag deren Funktion beeinträchtigt ist. Aber über Jahrzehnte hinweg summiert sich das und kann entsprechende Folgen haben.

Mit Hilfe eines noch komplexeren Computermodells wollen Wiskott und Kempermann nun testen, was sich in der Informationsverarbeitung des Hippocampus ändert, wenn man minimale Veränderungen an diesem System vornimmt. Ähnlich wie bei Computermodellen zur Berechnung des Klimawandels müssen die Rechner in Berlin nicht Jahrzehnte laufen, um die Auswirkungen einzelner Störfaktoren zu verstehen. Der Vorteil von Computermodellen liegt darin, schleichende Prozesse, die im wahren Leben 30 Jahre und mehr dauern können, in wenigen Wochen zu berechnen.

Markieren Sie die richtige Antwort.

		Ja	Nein	Text sagt dazu nichts
(01)	Seit Jahrzehnten weiß man, wie viele neue Nervenzellen sich im erwachsenen Gehirn bilden.		X	
(02)	Die Funktion dieser neuen Zellen ist bei Männern und Frauen unterschiedlich ausgeprägt.			X
21	Die Produktion neuer Nervenzellen erfordert einen enormen Aufwand, so dass ein bestimmter Grund dahinter stecken muss.			
22	Durch die tagtägliche Überflutung mit Informationen unterschiedlicher Art werden die vorhandenen Neuronen stark belastet.			
23	Die Theorie über Vorteile neuer Nervenzellen soll erklären, warum im Erwachsenenalter noch Neuronen wachsen.			
24	Im jungen Gehirn werden viel mehr Nervenzellen aufgebaut, da es nicht so viele Verknüpfungen gibt.			
25	Für das ältere Gehirn ist es aufgrund der ausgeprägteren Strukturen leichter, eine neue Fremdsprache zu lernen.			
26	Im Computermodell wird simuliert, wie das junge im Unterschied zum alten Gehirn neue Informationen verarbeitet.			
27	Man will mit Hilfe dieses Modells herausfinden, wie Depressionen und andere Krankheiten vermieden werden können.			
28	Wenn bei der Entwicklung einer einzelnen Nervenzelle pro Tag etwas misslingt, stellt das kein schwerwiegendes Problem dar.			
29	Bei einem noch komplexeren Computermodell werden verschiedene Parameter verändert.			
30	Computermodelle ermöglichen die Simulation von Prozessen und Vorgängen, die in der Realität sehr zeitaufwändig sind.			

10′

Sie haben **10 Minuten Zeit**, um Ihre Lösungen auf das Antwortblatt zu übertragen.

Bitte markieren Sie die richtige Antwort mit einem – **schwarzem oder blauen** – Kugelschreiber!

Markieren Sie so: ☒ **NICHT so:** x☐ ☒ ☒ ☑ ⊡

Wenn Sie **korrigieren** möchten, füllen Sie das falsch markierte Feld ganz aus: ■

und markieren dann das richtige Feld: ☒

Lösungen Lesetext 1

	B	C	D	E	F	G	H	I
1	☐	☐	☐	☐	☐	☐	☐	☐
2	☐	☐	☐	☐	☐	☐	☐	☐
3	☐	☐	☐	☐	☐	☐	☐	☐
4	☐	☐	☐	☐	☐	☐	☐	☐
5	☐	☐	☐	☐	☐	☐	☐	☐
6	☐	☐	☐	☐	☐	☐	☐	☐
7	☐	☐	☐	☐	☐	☐	☐	☐
8	☐	☐	☐	☐	☐	☐	☐	☐
9	☐	☐	☐	☐	☐	☐	☐	☐
10	☐	☐	☐	☐	☐	☐	☐	☐

Lösungen Lesetext 2

	A	B	C
11	☐	☐	☐
12	☐	☐	☐
13	☐	☐	☐
14	☐	☐	☐
15	☐	☐	☐
16	☐	☐	☐
17	☐	☐	☐
18	☐	☐	☐
19	☐	☐	☐
20	☐	☐	☐

Lösungen Lesetext 3

	Ja	Nein	Text sagt dazu nichts
21	☐	☐	☐
22	☐	☐	☐
23	☐	☐	☐
24	☐	☐	☐
25	☐	☐	☐
26	☐	☐	☐
27	☐	☐	☐
28	☐	☐	☐
29	☐	☐	☐
30	☐	☐	☐

Sie hören insgesamt drei Texte.

Die Texte 1 und 2 hören Sie einmal, den Text 3 hören Sie zweimal.

Schreiben Sie Ihre Lösungen zunächst hinter die Aufgaben.

Am Ende des Prüfungsteils Hörverstehen haben Sie 10 Minuten Zeit, um Ihre Lösungen auf das **Antwortblatt zu übertragen**.

2 2 Sie hören ein Gespräch zwischen der Leiterin eines Karrierezentrums an der Hochschule und einer Studentin.
Sie hören dieses Gespräch **einmal**.

Lesen Sie jetzt die Aufgaben 1 – 8.

Hören Sie nun den Text. Schreiben Sie beim Hören die Antworten auf die Fragen 1 – 8. Notieren Sie Stichwörter.

Ein Karrierezentrum für Frauen

(0)	Wofür interessiert sich die Studentin?	(0)	*für das Karrierezentrum*
1	Wen will das Karrierezentrum Femtec Network unterstützen?	1	
2	Warum engagiert sich Femtec Network für die genannten Fachrichtungen?	2	
3	Mit was für Unternehmen kooperiert Femtec Network?	3	
4	Seit wann gibt es das Karrierezentrum?	4	
5	Wie sind die Aufnahmebedingungen für Studentinnen?	5	
6	Was machen die Studentinnen nach dem Auswahlverfahren?	6	
7	Warum ist der Zusammenhalt zwischen den Studentinnen so wichtig?	7	
8	Wie sind die Berufsaussichten für Ingenieurinnen?	8	

2 3 Sie hören ein Interview mit drei Gesprächsteilnehmern zum Thema E-Learning in der Hochschule.
Sie hören dieses Interview **einmal**.

Lesen Sie jetzt die Aufgaben 9 – 18.

Hören Sie nun den Text.
Entscheiden Sie beim Hören, welche Aussagen richtig oder falsch sind.
Markieren Sie die passende Antwort.

E-Learning in der Hochschule

			Richtig	Falsch
(0)	Der Leiter des Kompetenzzentrums hat im vergangenen Jahr vorausgesagt, dass E-Learning an den Universitäten zum Standard wird.	(0)		X
9	Die Universitäten arbeiten inzwischen beim Anmeldeverfahren und bei den Lehrveranstaltungen mit internetbasierter Datenverarbeitung.	9		
10	Der Mehrheit der Studierenden und der Lehrenden an der Freien Universität Berlin nutzt E-Learning.	10		
11	Zu den Lehrveranstaltungen von Dozentinnen und Dozenten sind begleitende Materialien online verfügbar.	11		
12	Die Bibliotheken haben ohne große Probleme ihre traditionelle Arbeitsweise durch elektronische Medien ersetzt.	12		
13	Im internationalen Bereich sind die deutschen Universitäten den amerikanischen Elite-Einrichtungen gleichwertig.	13		
14	Lehrkräfte an ausländischen Universitäten akzeptieren eher den Umgang mit der digitalen Technologie.	14		
15	Durch die Einführung von Bachelor- und Masterstudiengängen ist die Administration stärker digitalisiert worden.	15		
16	Die Sicherheitsfragen bei Online-Prüfungen stellen eine Herausforderung für die Universitäten dar.	16		
17	Die Einführung von E-Learning macht länderübergreifende Kooperationen in bestimmten Bereichen möglich.	17		
18	Berliner Studierende haben die Möglichkeit, an einer Universität in Helsinki online Geographie zu studieren.	18		

2 4 Sie hören einen Vortrag von Gerald Häfner zum Thema Veränderungen beim Klima und in der Gesellschaft.
Sie hören diesen Vortrag **zweimal**.

Lesen Sie jetzt die Aufgaben 19 – 25.

Hören Sie nun den Text ein erstes Mal.
Beantworten Sie beim Hören die Fragen 19 – 25 in Stichwörtern.

Aus den Fugen geraten

(0)	Was ist das Dilemma des Frosches?	(0)	*Merkt langsame Veränderung zum Negativen nicht / verpasst Zeitpunkt zum lebensrettenden Handeln / gewöhnt sich an etwas, an das er sich nie gewöhnen dürfte.*
19	Welche beiden Veränderungen werden genannt?	19	a) ______ b) ______
20	Was war bisher typisch für Europa? Nennen Sie einen Aspekt.	20	______
21	Was ist die Besonderheit beim Klimawandel? Nennen Sie zwei Aspekte.	21	______ ______
22	Welche Parallele wird zur gesellschaftlichen Entwicklung gezogen?	22	______
23	Wie ist das Volksvermögen in deutschen Haushalten verteilt?	23	______
24	Was ist die Grundlage dieses Wirtschaftssystems?	24	______
25	Was ist die Alternative zu diesem vorteilsorientierten Verhalten? Nennen Sie zwei Aspekte.	25	______ ______

Ergänzen Sie jetzt Ihre Stichwörter. Sie hören jetzt den Text ein zweites Mal.
Überprüfen Sie Ihre Lösungen. Sie haben 10 Minuten Zeit, um Ihre Lösungen auf das Antwortblatt zu übertragen.

10'

Sie haben **10 Minuten Zeit**, um Ihre Lösungen auf das Antwortblatt zu übertragen.

Lösungen Hörtext 1

1	
2	
3	
4	
5	
6	
7	
8	

Lösungen Hörtext 2

	Richtig	Falsch
9	☐	☐
10	☐	☐
11	☐	☐
12	☐	☐
13	☐	☐
14	☐	☐
15	☐	☐
16	☐	☐
17	☐	☐
18	☐	☐

Bitte markieren Sie die richtige Antwort mit einem – **schwarzen oder blauen** – Kugelschreiber!

Markieren Sie so: ☒

NICHT so: [X beside box] [oversized X] [small X in box] [check mark] [dot in box]

Wenn Sie **korrigieren** möchten, füllen Sie das falsch markierte Feld ganz aus: ■

und markieren dann das richtige Feld: ☒

Lösungen Hörtext 3

19	
20	
21	
22	
23	
24	
25	

Bitte lesen Sie zuerst diese Anleitung zum Prüfungsteil Schriftlicher Ausdruck.

Sie sollen einen Text zum Thema „Surfen statt feiern" schreiben. Hierbei sollen Sie eine Grafik beschreiben und das Thema sachlich diskutieren.

Achten Sie dabei auf Folgendes:

- Schreiben Sie einen zusammenhängenden Text.
- Der Text soll klar gegliedert sein.
- Bearbeiten Sie alle Punkte der Aufgabenstellung.
- Achten Sie auf die Zeit: Für diesen Prüfungsteil haben Sie 60 Minuten Zeit.
- Beschreibung der Grafik: Nehmen Sie sich maximal 20 Minuten Zeit. Geben Sie die wichtigsten Informationen der Grafik wieder.
- Argumentation: Nehmen Sie sich nicht mehr als 40 Minuten Zeit. Wichtig ist, dass Sie Ihre Argumente begründen.
- Bei der Bewertung Ihrer Leistung ist die Verständlichkeit wichtiger als die sprachliche Korrektheit.

Schreiben Sie bitte auf den beigefügten Schreibbogen.

Für Entwürfe oder Notizen können Sie das beigefügte Konzeptpapier verwenden.

Gewertet wird nur der Text auf dem Schreibbogen.

Bitte geben Sie am Ende des Prüfungsteils Schriftlicher Ausdruck sowohl Ihren Schreibbogen als auch Ihr Konzeptpapier ab.

Wenn die Prüferin oder der Prüfer Sie auffordert umzublättern und die Aufgabe anzusehen, dann haben Sie noch 60 Minuten Zeit.

Surfen statt feiern

Jugendliche wachsen heutzutage in einer audiovisuell und multimedial geprägten Umgebung auf. Dementsprechend verändert sich auch ihre Freizeitgestaltung. Die elektronischen und digitalen Medien nehmen dabei einen immer größer werdenden Raum ein.

Schreiben Sie einen Text zum folgenden Thema

60'

Surfen statt feiern

Womit sich Jugendliche während der Woche am liebsten in ihrer Freizeit beschäftigen.

Angaben in Prozent.

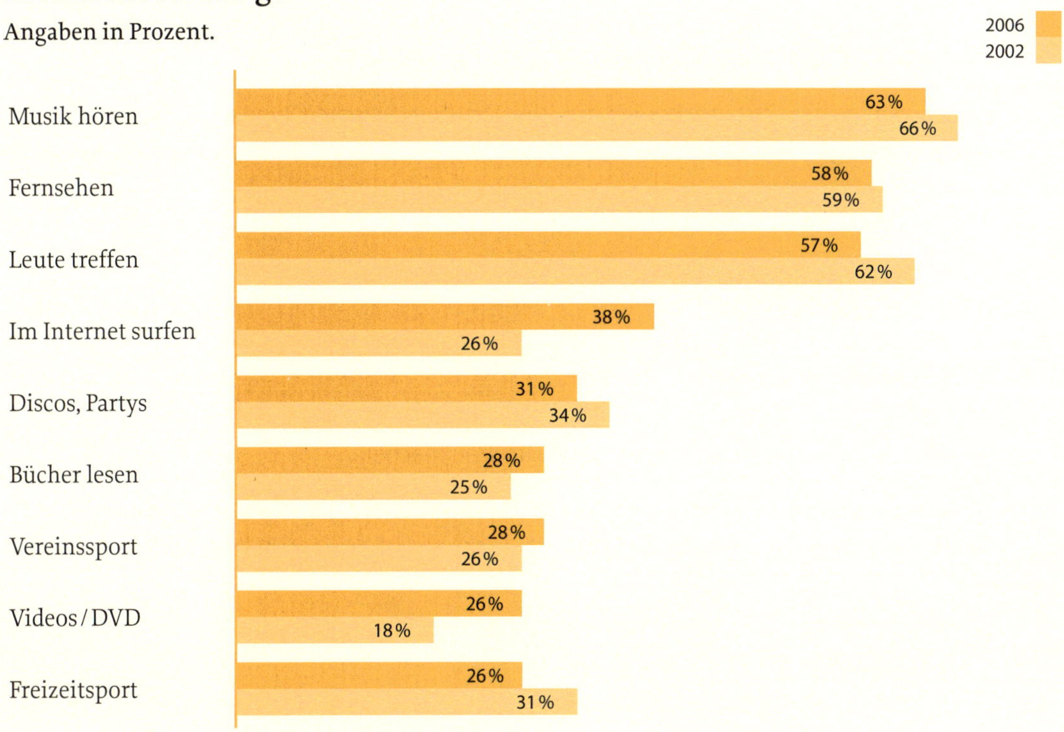

Quelle: Shell Jugendstudie 2006

- Beschreiben Sie, womit sich Jugendliche in ihrer Freizeit beschäftigen.
- Beziehen Sie dabei auch die Veränderungen in den Jahren 2002 und 2006 mit ein.

Zu diesem Thema wird folgende Meinung vertreten:

Nicht nur in Deutschland, sondern weltweit verbringen Jugendliche immer mehr Zeit vor dem Computer. Diese Entwicklung führt zu gesundheitlichen Problemen sowie zu sozialer Isolierung. Familien und Schulen sollten dem entgegentreten.

- Geben Sie diese Meinung mit Ihren eigenen Worten wieder.
- Nehmen Sie Stellung zu dieser Aussage und begründen Sie Ihre Stellungnahme.
- Gehen Sie auch auf die Situation in Ihrem Heimatland ein.

2 5 Im Prüfungsteil Mündlicher Ausdruck sollen Sie zeigen, wie gut Sie Deutsch sprechen.

Dieser Teil besteht aus insgesamt 7 Aufgaben, in denen Ihnen unterschiedliche Situationen aus dem Universitätsleben vorgestellt werden. Sie sollen sich zum Beispiel informieren, Auskunft geben oder Ihre Meinung sagen.

Jede Aufgabe besteht aus zwei Teilen: Im ersten Teil wird die Situation beschrieben, in der Sie sich befinden, und es wird gesagt, was Sie tun sollen. Danach haben Sie Zeit, sich darauf vorzubereiten, was Sie sagen möchten. Im zweiten Teil der Aufgabe spricht „Ihr Gesprächspartner" oder „Ihre Gesprächspartnerin". Bitte hören Sie gut zu und antworten Sie dann.

Zu jeder Aufgabe gibt es zwei Zeitangaben: Es gibt eine „Vorbereitungszeit" und eine „Sprechzeit". Die „Vorbereitungszeit" gibt Ihnen Zeit zum Nachdenken, z. B. eine halbe Minute, eine ganze Minute, bis zu drei Minuten.

Sie: Vorbereitungszeit

In dieser Zeit können Sie sich in Ihrem Aufgabenheft Notizen machen.

Nach der „Vorbereitungszeit" hören Sie „Ihren Gesprächspartner" oder „Ihre Gesprächspartnerin", danach sollen Sie sprechen. Dafür haben Sie je nach Aufgabe zwischen einer halben Minute und zwei Minuten Zeit.

Sie: Sprechzeit

Es ist wichtig, dass Sie die Aufgabenstellung berücksichtigen und auf das Thema eingehen. Wenn Sie dazu aufgefordert werden, sagen Sie, was Sie zum Thema denken. Bewertet wird nicht, welche Meinung Sie dazu haben, sondern wie Sie Ihre Gedanken formulieren.

Die Angabe der Sprechzeit bedeutet nicht, dass Sie so lange sprechen müssen. Sagen Sie, was Sie sich überlegt haben. Hören Sie ruhig auf, wenn Sie meinen, dass Sie genug gesagt haben. Wenn die vorgesehene Zeit für Ihre Antwort nicht reicht, dann ist das kein Problem. Für die Bewertung Ihrer Antwort ist es nicht wichtig, ob Sie Ihren Satz ganz fertig gesprochen haben. Es ist aber auch nicht notwendig, dass Sie nach dem Signalton sofort aufhören zu sprechen.

Ihre Antworten werden aufgenommen. Bitte sprechen Sie deshalb laut und deutlich.
Vielen Dank.

2 6 Sie sind neu an der Universität und möchten für Ihr Fachstudium Ihre Englischkenntnisse aufbessern. Sie haben die Nummer des Sprachenzentrums und rufen dort an.

Stellen Sie sich vor.
Sagen Sie, warum Sie anrufen.
Fragen Sie nach Einzelheiten zum Englischkurs.

Sie: Vorbereitungszeit — **30 Sek.**

Frau Ragg: …

Sie: Sprechzeit — **30 Sek.**

2 7 Sie und Ihre deutsche Kommilitonin Claudia sind bei Ihren Vermietern zur Silbernen Hochzeit eingeladen. Auf dem Weg zu dieser Feier fragt Claudia Sie, wie man das 25jährige Ehejubiläum in Ihrer Heimat feiert.

Beschreiben Sie eine typische Silberne Hochzeit in Ihrem Heimatland.
Sagen Sie,
- **wen man einlädt,**
- **wie das Fest abläuft.**

Sie: Vorbereitungszeit — **1 Min.**

Claudia: …

Sie: Sprechzeit — **1 Min.**

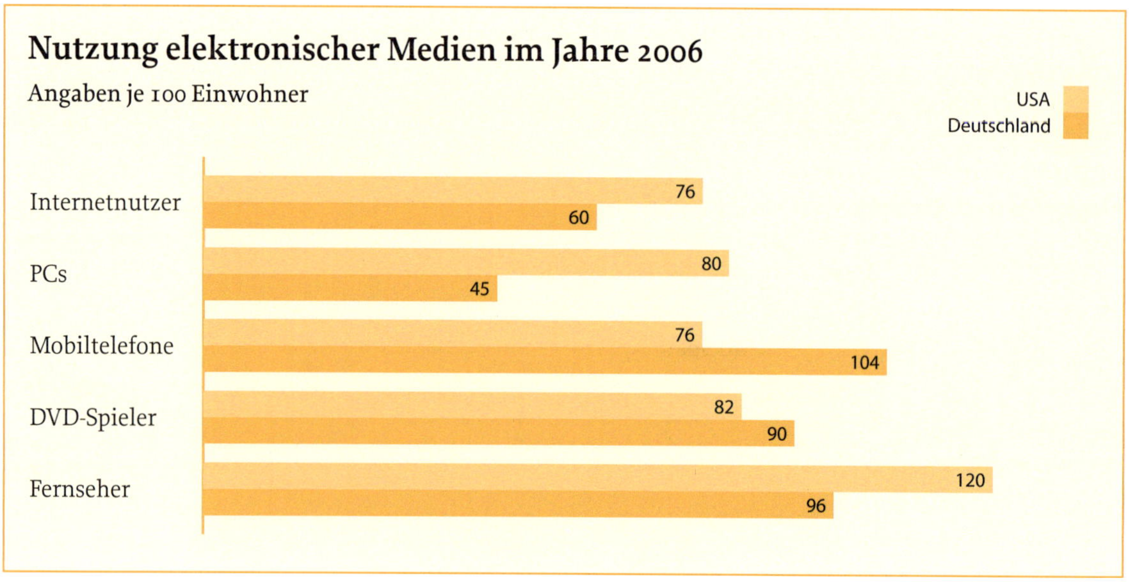

Nach: ZEIT-Grafik / Bitkom

2 8 Sie sind seit einem Monat in Deutschland und besuchen einen Orientierungskurs für Studienanfänger an Ihrer Universität. Heute soll über die Verbreitung von Informationstechnologien in Deutschland diskutiert werden. Der Tutor, Christian Langhans, hat eine Grafik zu diesem Thema ausgeteilt. Herr Langhans bittet Sie, die Grafik zu erläutern.

Beschreiben Sie zunächst den Aufbau der Grafik.
Fassen Sie dann die Informationen der Grafik zusammen.

1 Min.

Sie: Vorbereitungszeit

...

Herr Langhans:

1 Min. 30 Sek.

Sie: Sprechzeit

2 9 An Ihrer Universität wird überlegt, ob in bestimmten Studiengängen ein Auslandssemester an einer Partneruniversität obligatorisch sein sollte. In einer Diskussionsveranstaltung stellt die Gesprächsleiterin, Frau Professor Konstantin, dieses Vorhaben zur Diskussion. Sie möchten sich an der Diskussion beteiligen und melden sich zu Wort. Frau Professor Konstantin fragt Sie nach Ihrer Meinung.

Nehmen Sie Stellung zu diesem Plan:
- **Diskutieren Sie die Vorteile und Nachteile.**
- **Begründen Sie Ihre Zustimmung oder Ablehnung.**

3 Min.

Sie: Vorbereitungszeit

...

Frau Professor Konstantin:

2 Min.

Sie: Sprechzeit

2 10 Ihre Studienkollegin Gabriela überlegt, ob sie in den Semesterferien ein kostenpflichtiges Tutorium zur Vorbereitung auf die Zwischenprüfung besuchen soll anstatt Urlaub im Ausland zu machen. Gabriela fragt Sie nach Ihrer Meinung.

Sagen Sie Gabriela, wozu Sie ihr raten:
- **Wägen Sie die Vorteile und Nachteile der beiden Möglichkeiten ab.**
- **Begründen Sie Ihre Meinung.**

2 Min.

Sie: Vorbereitungszeit

...

Gabriela:

1 Min.
30 Sek.

Sie: Sprechzeit

Globale Erwärmung

Temperaturabweichungen vom Durchschnitt der Jahre 1900 – 2007 in Grad Celsius

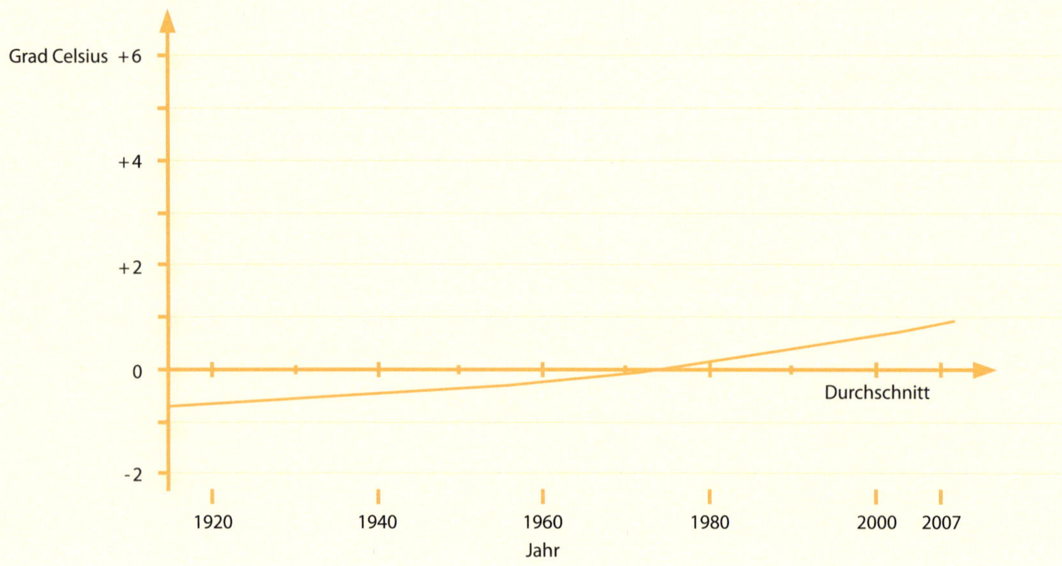

Quelle: UN Klimabericht

2 11 In Ihrem Ökologieseminar geht es heute um das Thema Klimawandel. Ihr Dozent, Herr Dr. Seeberger bittet Sie, Ihre Überlegungen zu Gründen der bisherigen Entwicklung und zu den Auswirkungen vorzutragen.

Nennen Sie mögliche Gründe für die dargestellte Entwicklung.
Stellen Sie dar, welche Auswirkungen Sie erwarten.
Begründen Sie Ihre Überlegungen anhand der Grafik.

3 Min.

Sie: Vorbereitungszeit

...

Herr Dr. Seeberger:

2 Min.

Sie: Sprechzeit

2 12 Ihre Freundin Irina hat ein Angebot, privat Russisch zu unterrichten. Dafür muss sie allerdings zu der Familie hinfahren. Sie fragt Sie nach Ihrer Meinung.

Sagen Sie Irina, was Sie von diesem Angebot halten.
Begründen Sie Ihre Meinung.

1 Min. 30 Sek.

Sie: Vorbereitungszeit

...

Irina:

1 Min. 30 Sek.

Sie: Sprechzeit

Textquellen

S. 26	© Nadja Kirsten, DIE ZEIT Chancen vom 15.01.2004
S. 30	© Bettina Gartner, DIE ZEIT vom 06.05.2004
S. 38	© Ulrich Grober, DIE ZEIT vom 27.05.2004
S. 104	© BMBF: Bernstein Zentren – Forschung für die Zukunft Bonn, Berlin 2006, Autorinnen: Brigitte Stahl-Busse und Dr. Jo Schilling

Hörtexte (Einleger)

S. 3	© Philipp Schwenke, freie redaktion
S. 5	© Thomas Röbke, DIE ZEIT vom 04.12.2003
S. 6	© Martin Spiewak, DIE ZEIT vom 28.08.2003
S. 7	© Robert A. Goehlich, Humboldt Kosmos, Heft 84/2004 – www.goehlich.com
S. 9	© Uschi Heidel, Humboldt Kosmos, Heft 82/2003
S. 12	© Thomas Röbke, DIE ZEIT vom 07.04.2004
S. 12	© Anja Janus, ajot-texte/Redaktionsbüro, DAAD-Letter 3/2006
S. 13	© Gerald Häfner, Bankspiegel 2/2007, Hg. GLS Gemeinschaftsbank eG

Nicht alle Copyrightinhaber konnten ermittelt werden; deren Urheberrechte werden hiermit vorsorglich und ausdrücklich anerkannt.

Inhalt der Audio-CDs

Auf der CD 1 finden Sie alle Hörtexte und Aufgaben des Mündlichen Ausdrucks zu den Übungstests 1–3. Bei den Hörtexten sind die Pausenzeiten zum Lesen der Aufgaben nicht mit aufgenommen. Drücken Sie bitte beim Abspielen der CD vor dem Lesen der Aufgaben die Pausentaste. Die Zeit für das Lesen der Aufgaben bei Hörtext 1 beträgt ca. 40", bei Hörtext 2 ca. 1'20", bei Hörtext 3 ca. 1'10".
Für den Übungstest 1 des Mündlichen Ausdrucks finden Sie die komplette Aufgabenstellung inklusive der Vorbereitungs- und Sprechzeiten, für die Übungstests 2 und 3 die Impulse zum Sprechen. Den kompletten Prüfungsteil Mündlicher Ausdruck für die Übungstests 2 und 3 inklusive der Aufgabenstellung, Vorbereitungs- und Sprechzeiten finden Sie im Internet unter www.cornelsen.de/daf-testdaf.

Auf der CD 2 finden Sie die Hörtexte und den Mündlichen Ausdruck des Modelltests mit allen Vorgaben und Zeiten, wie sie der TestDaF-Prüfung entsprechen.

CD 1

Nr.		Transkriptionen Seite
1	Nutzerhinweis	
2	Hörtext 1, Übungstest 1: Im Einwohnermeldeamt	2
3	Hörtext 1, Übungstest 2: Im Internationalen Büro der Universität	3
4	Hörtext 1, Übungstest 3: Günstig Bahn fahren	3
5	Hörtext 2, Übungstest 1: Gentechnik in Nahrungsmitteln	4
6	Hörtext 2, Übungstest 2: Doktortitel – ja oder nein?	5
7	Hörtext 2, Übungstest 3: Fleißpunkte sammeln!	6
8–9	Hörtext 3, Übungstest 1: Urlaub im Weltraum	7
10–11	Hörtext 3, Übungstest 2: Wie wir mehr aus unserem Geld machen können	8
12–13	Hörtext 3, Übungstest 3: Keine sinnvolle Technik ohne Kulturverständnis	9
14–20	Mündlicher Ausdruck, Übungstest 1, Aufgaben 1–7	11
21–27	Mündlicher Ausdruck, Übungstest 2, Aufgaben 1–7	11
28–34	Mündlicher Ausdruck, Übungstest 3, Aufgaben 1–7	11

CD 2

Nr.		Transkriptionen Seite
1	Nutzerhinweis	
2	Modelltest	
	Hörtext 1: Ein Karrierezentrum für Frauen	12
3	Hörtext 2: E-Learning in der Hochschule	12
4	Hörtext 3: Aus den Fugen geraten	13
5	Mündlicher Ausdruck	14
6–12	Aufgaben 1–7	14

Prüfungstraining

TestDaF

Transkriptionen
Lösungen

Cornelsen

Hörverstehen

Hörtext 1

Übungstest 1

Im Einwohnermeldeamt

Studentin: *Guten Tag!*

Angestellter: *Guten Tag! Bitte nehmen Sie doch Platz. Was kann ich für Sie tun?*

Studentin: *Danke. Ich heiße Nataliya Schaikarova und komme aus Russland. Ich studiere hier an der Universität. Deshalb möchte ich mich anmelden und meine Aufenthaltsgenehmigung beantragen.*

Angestellter: *Gut. Ich brauche erstmal Ihren Pass und die Unterlagen von der Universität.*

Studentin: *Hier ist mein Pass.*

Angestellter: *Hm.*

Studentin: *... und hier ist der Stempel der Einreise.*

Angestellter: *Ja, gut ... Haben Sie bereits in Russland mit dem Studium begonnen?*

Studentin: *Nein, erst hier in Deutschland. Ich habe nach dem Abitur ein Jahr als Au-Pair-Mädchen in Österreich gearbeitet und dann habe ich mich für ein Studium in Deutschland beworben ... Hier sind die Papiere von der Universität.*

Angestellter: *Danke ... Haben Sie noch keine Immatrikulationsbescheinigung?*

Studentin: *Nein, ich bekomme sie erst nächste Woche.*

Angestellter: *Die Immatrikulationsbescheinigung ist notwendig für Ihren Antrag. Nur dann kann ich ihn bearbeiten. Draußen im Gang auf dem Tisch sind Antragsformulare. Bitte holen Sie sich eins, füllen Sie es aus und kommen dann wieder zu mir.*

Studentin: *Danke.*

Angestellter: *Ja, bitte.*

Studentin: *So, ich bin wieder da. Hier ist der ausgefüllte Antrag für die Aufenthaltsgenehmigung.*

Angestellter: *Gut. Mal sehen, ob alles in Ordnung ist ... Hm ... Haben Sie auch Ihren Mietvertrag dabei?*

Studentin: *Ja, hier ist er.*

Angestellter: *Normalerweise müssen Sie von allen Originalunterlagen auch eine Kopie abgeben. Sie können die Kopie des Mietvertrags mit Ihrer Immatrikulationsbescheinigung abgeben.*

Studentin: *Gut. Danke!*

Angestellter: *Sie haben ein Zimmer im Studentenwohnheim, nicht wahr?*

Studentin: *Ja. In einer Wohngemeinschaft mit noch zwei anderen Studentinnen.*

Angestellter: *Gut. Sie wissen, dass man für die Aufenthaltserlaubnis auch eine Bankgarantie braucht?*

Studentin: *Ja, ja. Ich habe sie dabei. Hier bitte!*

Angestellter: *Der Nachweis der Bankgarantie ist also vorhanden. Das hätten wir schon mal.*

Studentin: *Ja. Brauchen Sie auch ein Passfoto?*

Angestellter: *Ja, ich brauche zwei.*

Studentin: *Hier, bitte.*

Angestellter: *Gut, dann hätten wir alles. Ah ja, es fehlt nur noch die Immatrikulationsbescheinigung und die Kopie des Mietvertrages. Dann wäre alles komplett. Bitte bringen Sie die so bald wie möglich, spätestens in zwei Wochen.*

Studentin: *Ich kann sie Ihnen nächste Woche bringen. Wann soll ich denn vorbeikommen?*

Angestellter: *Am besten vormittags zwischen 9.00 und 12.00 Uhr. Wir haben jeden Tag geöffnet, außer Mittwoch.*

Studentin: *Oh, da kann ich leider nicht. Ich habe jeden Vormittag Seminar an der Universität.*

Angestellter: *Es geht auch am Dienstagnachmittag. Da können Sie zwischen 14.00 und 16.30 Uhr kommen.*

Studentin: *Schön, dann komme ich nächsten Dienstag vorbei. Vielen Dank und auf Wiedersehen.*

Angestellter: *Auf Wiedersehen.*

Hörtext 1

Übungstest 2

Im Internationalen Büro der Universität

Student: *Guten Tag!*

Angestellte: *Guten Tag! Was kann ich für Sie tun?*

Student: *Ich heiße Paulo Rodriguez und interessiere mich für europäische Austauschprogramme. Gibt es da etwas?*

Angestellte: *Ja, es gibt einige Programme, die für Sie in Frage kommen. Kommt darauf an, ob mit oder ohne Stipendium.*

Student: *Wenn möglich mit Stipendium. Ich kann einen solchen Aufenthalt nicht selbst finanzieren. Bei welchen Programmen bekommt man ein Stipendium?*

Angestellte: *Das kann ich so nicht beantworten. Es hängt nämlich von Ihrem Studienfach ab. Was studieren Sie denn?*

Student: *Ich studiere Anglistik im Hauptfach, Pädagogik und Linguistik im Nebenfach. Deshalb ist es für mich besonders wichtig, in einem englischsprachigen Land ein Semester zu verbringen.*

Angestellte: *Und in welchem Semester sind Sie?*

Student: *Im dritten.*

Angestellte: *Hm. Dann kommt das Erasmus-Programm in Frage. Wir haben einen Studentenaustausch mit zwei Universitäten in England und einer Universität in Irland.*

Student: *Ja, Irland würde mich sehr interessieren.*

Angestellte: *Schön. Aber ich muss Ihnen gleich sagen, dass der Zuschuss, den Sie monatlich bekommen, nicht ausreichen wird. Sie werden dort ungefähr 600 Euro im Monat brauchen, aber sie bekommen als Erasmusstudent nur einen Zuschuss von 300 Euro.*

Student: *Hm. Ich verstehe. Wie kann ich mich für dieses Programm bewerben?*

Angestellte: *Ich gebe Ihnen ein Antragsformular mit. Da steht alles drin, was Sie brauchen.*

Student: *Wie ist es eigentlich mit der Anerkennung? Werden mir die Studienleistungen anerkannt oder muss ich hier noch Seminare belegen, wenn ich zurückkomme?*

Angestellte: *Beim Erasmusprogramm werden alle Studienleistungen anerkannt, so dass Sie kein Semester verlieren.*

Student: *Das ist schön! Und noch eine andere Frage: Ist man als Erasmusstudent krankenversichert oder muss ich mich darum kümmern?*

Angestellte: *Sie sind auf jeden Fall krankenversichert und bekommen einen Zuschuss für die Reisekosten.*

Student: *Bis wann muss ich mich bewerben?*

Angestellte: *Die Bewerbungsfrist für das Wintersemester endet am 30. Juni und für das Sommersemester am 31. Januar.*

Student: *Gibt es noch andere Stipendien, auf die ich mich bewerben könnte?*

Angestellte: *Ja, da gibt es noch einige. Ich gebe Ihnen diese Informationsbroschüre mit. Dort können Sie alles nachlesen. Wenn Sie Fragen haben, kommen Sie dann wieder zu mir.*

Student: *Gut. Ich sehe mir die Broschüre an und dann melde ich mich wieder bei Ihnen. Vielen Dank für Ihre Mühe.*

Angestellte: *Bitte, gerne geschehen.*

Student: *Tschüss und einen schönen Tag.*

Angestellte: *Tschüss.*

Hörtext 1

Übungstest 3

Günstig Bahn fahren

Sven: *Hallo Maike, wohin gehst du denn?*

Maike: *Hallo Sven. Ich gehe arbeiten. Ich habe jetzt einen neuen Job in einer Online-Mitfahrzentrale. Wir verkaufen Bahnfahrten über das Internet für weniger als die Hälfte des normalen Preises.*

Sven: *Warum sind die Tickets denn so billig?*

Maike: *Unsere Firma nutzt die Gruppentarife der Bahn und die liegen 70 Prozent unter dem Normalpreis.*

Sven: *Und das funktioniert dann wie bei einer normalen Mitfahrzentrale?*

Maike: *Am Anfang war es wie bei einer Mitfahrzentrale. Jemand hat über die Internetseite für eine Strecke Mitreisende gesucht, man hat sich dann verabredet und zusammen ein Ticket gekauft. Diese Möglichkeit gibt es immer noch und zusätzlich auch die Bahn-Spar-Karte.*

Sven: *Und wie funktioniert das mit der Bahn-Spar-Karte?*

Maike: *Wir suchen Mitfahrer für eine bestimmte Strecke, um die günstigen Gruppentarife zu nutzen. Die Kunden brauchen nichts zu tun, außer eine Bahn-Spar-Karte zu bezahlen. Das Risiko liegt hier bei unserer Firma, denn wir kaufen den Fahrschein. Wenn wir weniger Reisende für diese Strecke finden, als wir gedacht haben, machen wir den Verlust.*

Sven: *Und welche Verbindungen sind am meisten gefragt?*

Maike: *Das sind die klassischen Strecken von Großstadt zu Großstadt, also die Strecke Berlin – Köln oder die Strecke Hamburg – Frankfurt. Hier gibt es durch den so genannten Frühbucherrabatt der Bahn sehr günstige Fahrkarten. Wir haben sieben dieser Strecken immer freitags und sonntags fest im Programm.*

Sven: *Gibt es auch in anderen Städten solche Büros?*

Maike: *Ja. Wir haben neben unserer Zentrale hier in Kassel auch Außenstellen in Hamburg, Frankfurt, Köln und Berlin. Bis zum Ende des Jahres wollen wir in zwölf Städten sein!*

Sven: *Und sind die Fahrkarten immer so günstig?*

Maike: *Es lohnt sich vor allem für Leute, die keine BahnCard haben und nur eine Strecke fahren wollen.*

Sven: *Wer sind denn eure Kunden?*

Maike: *Von den 150 bis 250 Leuten, die pro Woche eine Fahrkarte kaufen, sind die allermeisten Studenten, die sonst mit einer normalen Mitfahrzentrale fahren würden.*

Sven: *Und wie komme ich an die Fahrkarte?*

Maike: *Nach der Buchung bekommt der Kunde eine Reisebestätigung per E-Mail. Das Ticket und die Teilnehmerkarten erhält man dann direkt am Bahnhof.*

Sven: *Das ist ja interessant. Bei der nächsten Bahnfahrt mach ich das dann auch so.*

Hörtext 2

Übungstest 1

Gentechnik in Nahrungsmitteln

Einige kleinere Handelsketten machen schon lange vor, dass es bei tierischen Produkten ohne Gentechnik geht. Jetzt zeigt es auch eine der Größten: Gentechnisch verändertes Tierfutter ist nicht notwendig! Bei einer großen Supermarktkette werden 120 000 Schweine ohne Gen-Pflanzen gemästet. Seit Juli letzten Jahres ist das Fleisch in einigen Bundesländern im Handel. Professor Manfred Weinert, wissenschaftlicher Berater der Supermarktkette, stand für ein Gespräch mit uns bereit.

Journalist: *Herr Prof. Weinert. Sie arbeiten an der Hochschule und sind Berater einer Lebensmittelkette zum Thema Gentechnik in Nahrungsmitteln. Was war der Impuls für das Unternehmen, mit Ihnen in Kontakt zu treten?*

Prof. Weinert: *Auslöser waren die Aktion einer Umweltorganisation im Jahr 2001 vor einer der Filialen des Unternehmens und die Tatsache, dass 70 % der Verbraucher Gentechnik im Essen ablehnen. Deshalb hat sich die Geschäftsführung des Unternehmens an mich gewandt und wir haben zusammen nach neuen Wegen gesucht. Das Ergebnis war, gentechnikfrei produziertes Schweinefleisch ins Programm zu nehmen. Die Umweltorganisation hat dann bei der Beschaffung von gentechnikfreiem Soja geholfen.*

Journalistin: *Ein halbes Jahr ist seit der Markteinführung vergangen. Lässt sich jetzt schon sagen, wie das Angebot bei den Verbrauchern ankommt?*

Prof. Weinert: *Die Nachfrage nach diesen Produkten ist vorhanden. Die Hersteller von Babykost, Krankenhäuser und Kantinen haben einen Nachfrageschub ausgelöst. Aber im Einzelhandel sind die Verbraucher noch nicht genügend über die Produkte informiert. Leider orientieren sich die meisten weiterhin überwiegend am Preis und weniger an der Qualität.*

Journalistin: *Ist das Fleisch dadurch teurer geworden?*

Prof. Weinert: *Eigentlich nicht, das Fleisch ist für die Verbraucher nicht teurer geworden, aber für den Hersteller schon. Weil das Futter ohne Gentechnik mehr kostet, ist das Fleisch für das Unternehmen im Grundpreis teurer geworden, im Kalkulationspreis gegenüber dem Verbraucher jedoch gleich geblieben. Weil dem Unternehmen bewusst ist, dass eine Preiserhöhung nicht ratsam ist, zumal es im Handel*

Fleisch gibt, das wesentlich billiger zu haben ist, wird der durch diese Umstellung einkalkulierte wirtschaftliche Nachteil ausschließlich durch das Unternehmen aufgefangen.

Journalist: *Wird das Unternehmen das Programm auf Bundesebene ausweiten? Und wie sieht es dabei mit Geflügel- und Rindfleisch aus?*

Prof. Weinert: *Bisher wird das gentechnikfreie Schweinefleisch in den Filialen in Schleswig-Holstein, Hamburg und Niedersachsen angeboten. Eine Programmerweiterung ist für Mecklenburg-Vorpommern und Brandenburg geplant. Für die Umsetzung bei Rindfleisch werden zurzeit erste Gespräche geführt. Das Geflügel kommt ausschließlich über eine Firma, die ohne Gen-Pflanzen im Tierfutter auskommt.*

Journalist: *Das von Ihnen beratene Unternehmen beweist als eines der Größten im deutschen Lebensmittelhandel, dass Tierfleischproduktion ohne Gen-Futter möglich ist. Wie haben die Konkurrenz, Verbände und die Politik darauf reagiert?*

Prof. Weinert: *Von Seiten des Handels und der Hersteller heißt es oft, das sei nicht möglich. Es war unvorstellbar, eigentlich das reinste Abenteuer, wie einige Verbände und Organisationen reagiert haben. Einige Saatguthersteller, Politiker und Parteien bevorzugen eindeutig eine Produktion mit gentechnisch veränderten Organismen und versuchen mit unterschiedlichen Druckmitteln, den Wettbewerbsvorteil abzuwehren. Das Problem liegt in erster Linie nicht bei den Verbrauchern, das ist sicher. Die Verbraucher wollen gentechnikfreie Produkte und nehmen das Angebot gut an.*

Journalistin: *Die einen distanzieren sich von der Gentechnik, andere wollen gemeinsam mit der Gentechnik-Industrie die manipulierten Produkte an die Verbraucher bringen. Wie – glauben Sie – werden die Kunden darauf reagieren?*

Prof. Weinert: *Als wissenschaftlicher Berater kann ich zur Geschäftspolitik anderer Unternehmen nichts sagen. Die Verbraucher ziehen eindeutig nicht manipulierte Produkte vor. Das ist der entscheidende Grund für das gentechnikfreie Programm im Frischfleischhandel. Deshalb habe ich dem Unternehmen auch geraten, das Sortiment auszuweiten und möglichst flächendeckend in allen Regionen anzubieten.*

Journalist: *Herr Prof. Weinert, wir danken Ihnen für das Gespräch.*

Hörtext 2

Übungstest 2

Doktortitel – ja oder nein?

Journalist: *Herr Professor von Münch, für wen lohnt es sich zu promovieren?*

Ingo von Münch: *Das lässt sich nicht pauschal für alle Disziplinen beantworten. In der Medizin ist es beispielsweise üblicher und wichtiger. Generell lohnt es sich für jeden, der Freude an wissenschaftlicher Arbeit hat.*

Journalist: *Wer sollte auf eine Promotion lieber verzichten?*

Münch: *Man sollte auf jeden Fall abwägen, vor allem, wenn man eine attraktive berufliche Position bekommt: Ist es sinnvoll, später einen Doktor zu haben, aber keinen Job, oder jetzt einen Job, aber nicht den Doktor?*

Journalist: *Wie viel Prestige ist mit einem Doktortitel heutzutage noch verbunden?*

Münch: *Auch das ist nach Disziplinen unterschiedlich. Der Dr. Ing. zählt heute mehr als manche anderen Doktortitel. Generell kann man sagen, dass der Doktorgrad als solcher heute keine besondere gesellschaftliche Position verleiht. Im 19. Jahrhundert dagegen gab es zum Beispiel besondere Regeln für die Sitzordnung bei Tisch, wenn ein Doktor anwesend war.*

Journalistin: *Wie kann ich einen Professor davon überzeugen, mein Doktorvater zu werden?*

Münch: *Es ist sinnvoll, schon während des Studiums ein wenig an eine spätere Promotion zu denken. Das bedeutet zum Beispiel, dass man Kontakt zu Professoren sucht. Man kann sich schon als Student durch gute Leistungen oder gescheite Fragen in der Vorlesung in den Kopf eines Professors eingraben. Sehr viele Dissertationen entstehen übrigens aus Seminararbeiten: Es kommt vor, dass der Seminarleiter den Studenten fragt, ob er nicht später bei ihm promovieren möchte.*

Journalistin: *Und wenn ich es nicht geschafft habe, einen bleibenden Eindruck zu hinterlassen?*

Münch: *Der Normalfall ist, dass Sie einen Professor ansprechen, dessen Forschungsschwerpunkt Sie besonders interessiert.*

Journalistin: *Und wenn sich der Professor wochen- oder monatelang nicht äußert, ob er mich annimmt?*

Münch: *Dann haken Sie nach. Fragen Sie die Sekretärin, ob sie etwas weiß, oder in welcher Form – Brief, E-Mail, Anruf – Sie am besten nachfragen sollten. Aber geben Sie Ihr Promotionsvorhaben nicht auf, nur weil sich der Professor nicht gemeldet hat. Suchen Sie lieber einen anderen Doktorvater.*

Journalist: *Muss ich schon ein fertiges Dissertationsthema mitbringen?*

Münch: *Auch das ist von Fach zu Fach, von Professor zu Professor unterschiedlich. Ich meine, der Doktorand sollte sich das Thema am besten selber suchen, weil er dann eine ganz andere, viel engere Beziehung dazu hat.*

Journalistin: *Viele Doktoranden stürzen irgendwann in das „Hat doch alles keinen Sinn"-Loch. Wie kommt man da wieder raus?*

Münch: *Durch Urlaub. Drei, vier Wochen nicht an der Arbeit schreiben. Dann mit anderen Doktoranden reden und sich selber überprüfen: Ist das eine Stressphase oder macht es wirklich keinen Sinn?*

Journalist: *Wie viel Zeit muss man in eine Doktorarbeit investieren?*

Münch: *Das hängt vom Fach ab. Es gibt Leute, die haben angeblich in sieben Monaten promoviert, andere haben fünf Jahre und länger gebraucht. Der Hauptfaktor ist die Suche nach dem Doktorvater. Die sollte innerhalb von sechs Monaten abgeschlossen sein. Das Thema hat man in der Regel schon. Falls man es noch suchen muss: noch mal drei Monate. Das Schreiben ist von Fach zu Fach unterschiedlich aufwändig.*

Journalist: *Zur Promotion gehört auch eine mündliche Prüfung...*

Münch: *... die im Vergleich zur Dauer der Anfertigung der Dissertation ein Kurzfilm ist. In der mündlichen Prüfung fällt nur selten jemand durch. Aber auch das kann passieren. Meistens handelt es sich dabei um Doktoranden, die im Berufsleben stehen und sich nicht richtig vorbereiten konnten.*

Jounalistin: *Welchen Rat möchten Sie zum Schluss jungen Doktoranden geben?*

Münch: *Nicht aufgeben! Eine Doktorarbeit zu schreiben ist zu einem entscheidenden Teil eine Frage der Ausdauer.*

Hörtext 2

Übungstest 3

Fleißpunkte sammeln!

Journalist: *Frau Vocke, Sie haben in Bremen ein neues Studienkontenmodell entwickelt, mit dessen Hilfe sich die Semesterzahl verkürzen lassen soll. Langzeitstudierende müssen demnach zahlen – einige bereits vom ersten Studienjahr an. Müssen viele Bremer Studierende bald damit rechnen, zur Kasse gebeten zu werden?*

Vocke: *Im Gegenteil, unser Modell ist konsequent darauf ausgerichtet, Einnahmen zu vermeiden. Bisherige Studienkontenmodelle wie in Nordrhein-Westfalen oder Rheinland-Pfalz bestrafen Studierende, die in einer bestimmten Zeit nicht das Examen schaffen. Wie ihr Studium bis dahin verläuft, interessiert nicht. In Bremen dagegen wollen wir, dass unsere Studierenden vom ersten Semester an erfolgreich und zügig studieren.*

Journalist: *Wie wollen Sie das schaffen?*

Vocke: *Jeder Studienanfänger bekommt ein Konto, auf dem er bis zum Bachelor-Abschluss 180 und bis zum Master weitere 120 Studienpunkte, so genannte Credits, ansammeln muss. Für jedes Lehrmodul bekommt er bis zu 12 Credits – und zwar jeweils in zwei Phasen, die eine Hälfte, wenn er sich zur Prüfung anmeldet, die andere Hälfte, wenn er sie besteht. Im Durchschnitt sollte der Studierende im Jahr 60 Credits erwerben, mindestens jedoch 30.*

Journalist: *Wer weniger Fleißpunkte erwirbt...*

Vocke: *... erhält von seinem Studiengang einen Brief, dass die Universität sich Sorgen macht. Denn wenn er in diesem Tempo weiterstudiert, wird er das Examen nicht in der vorgegebenen Zeit schaffen und muss damit rechnen, Gebühren zu zahlen. Gleichzeitig wird ihm Beratung angeboten, wie er in Zukunft erfolgreicher vorankommt.*

Journalist: *Und wer überhaupt keinen Credit erwirbt?*

Vocke: *Der muss sich fragen lassen, was er an der Universität will, und wird mit bis zu 500 Euro zur Kasse gebeten. Dieses Signal soll deutlich machen, dass sein Verhalten nicht erwünscht ist.*

Journalist: *Das Hochschulrahmengesetz garantiert ein kostenloses Studium bis zum ersten Abschluss.*

Vocke: *Nur für jene, die tatsächlich studieren. Wer eingeschrieben ist, aber keinen Kurs belegt, nimmt anderen den Platz weg. Auch wer eine Reise bucht, die er nicht antritt, muss Strafe zahlen.*

Journalist: *Wie viel Zeit räumen Sie den Studierenden ein, die nur ein Minimalpensum erfüllen?*

Vocke: *Um den Bachelor zu erreichen, darf jeder höchstens 12 Semester studieren.*

Journalist: *Also die doppelte Regelstudienzeit.*

Vocke: *Das hört sich nach sehr viel an. Im Gegensatz zu den anderen Studienkontenmodellen, die eine geringere Toleranzspanne haben, soll es keine Ausnahmen für Studierende geben, die berufstätig sind, ein Auslandssemester einlegen oder Angehörige pflegen. Wir wollen ein einfaches Modell, bei dem wir nicht über Ausnahmefälle zu entscheiden haben.*

Journalist: *Schafft es nicht doch mehr Bürokratie?*

Vocke: *Nein, alle Prüfungsdaten liegen bereits heute vor. Einmal im Jahr bekommt der Studierende einen Kontoauszug, den er im Internet einsehen kann. Die bisher übliche Anmeldung zu Kursen entfällt. Insgesamt rechnen wir damit, nur einen neuen Mitarbeiter für die Datenpflege einstellen zu müssen.*

Journalist: *Welchen Vorteil hat, wer zügig studiert oder sich besonders engagiert?*

Vocke: *Ihm werden am Ende seines Studiums Punkte auf einem Sparbuch gutgeschrieben. Mit diesem Kapital erwirbt er die Berechtigung, sich an der Universität während seiner Berufszeit fortzubilden oder später ein zweites Studium zu beginnen, das in Zukunft normalerweise etwas kostet.*

Journalist: *Doch nicht immer liegt es an den Studierenden, wenn sich das Studium in die Länge zieht. Wird in Ihrem Modell auch die Universität in die Pflicht genommen?*

Vocke: *Innerhalb der Universität wird ein Teil der Mittel danach verteilt, wie viele Credits die Studierenden an den jeweiligen Fachbereichen erwerben. Das gibt den Fachbereichen einen Anreiz, das Studium so zu organisieren, dass es zügig verläuft und möglichst viele Punkte erworben werden. Bislang reichte es, wenn in einem Fach viele nur eingeschrieben waren. Niemand fragte nach den tatsächlichen Leistungen. Das soll es künftig nicht mehr geben.*

Hörtext 3

Übungstest 1

Urlaub im Weltraum

Sehr geehrte Damen und Herren,

ausgedehnte Reisen von Touristen und Geschäftsleuten auf dem Luft-, See- und Landweg gehören zum Alltag. Reisen in den Weltraum sind allerdings bisher nur einer kleinen Gruppe von Astronauten vorbehalten. Die Entwicklung eines Weltraumtourismusgeschäfts hat jedoch bereits begonnen; erste Schritte wurden längst vollzogen.

Kommerzielle Flüge mit einigen Minuten Schwerelosigkeitserfahrung werden wahrscheinlich der nächste Entwicklungsschritt des Weltraumtourismus sein. Am erfolgreichsten ist zurzeit die Entwicklung der SpaceShipOne, die am 21. Juni 2004 als erste privat finanzierte Rakete eine Flughöhe von 100 Kilometern erreicht hat.

Für solche suborbitalen Flüge könnten Kunden zwischen 5.000 und eine Million Dollar zahlen, um mit einem Raumfahrzeug in den Weltraum zu gelangen, einige Minuten Schwerelosigkeit zu erfahren und dann zur Erde zurückzukehren, ohne diese zu umkreisen.

Insgesamt besteht ein solcher Touristenflug aus einem einwöchigen Aufenthalt an einem Weltraumbahnhof. In den ersten drei Tagen finden ein Sicherheitstraining, Simulationsflüge, Parabelflüge und eine Fahrt in der Zentrifuge statt. Am vierten Tag nimmt der Passagier an dem suborbitalen Flug teil, der zwischen 30 Minuten und drei Stunden dauert. Die letzten Tage sind gedacht, um die Eindrücke und neuen Erfahrungen miteinander auszutauschen.

Was jedoch suchen Touristen eigentlich im Weltraum? Marktstudien haben gezeigt, dass die meisten Menschen nur die Erde betrachten wollen. Es scheint eine besondere Faszination zu sein, die verschiedenen Länder ohne sichtbare Grenzen vorbeigleiten zu sehen. Auch den Weltraum zu betrachten ist ein Genuss, da die Sterne viel klarer und heller ohne die Atmosphäre dazwischen erscheinen. Eine weitere Attraktion ist die Erfahrung der Schwerelosigkeit. Der Experimentierfreudige entdeckt hier neue Varianten der Nahrungsaufnahme, beispielsweise beim Trinken von einer frei im Raum schwebenden Wasserkugel ohne jegliches Gefäß.

Obwohl noch keine Starttermine festgelegt wurden, sind bei der größten Reiseagentur für Weltraumtourismus bereits 25 Tickets für suborbitale Flüge zu 100.000 Dollar vollständig bezahlt und 130 Flüge zu 6.000 Dollar angezahlt. Marktstudien prognostizieren, dass die jährliche Nachfrage bei einem Ticketpreis von 100.000 Dollar bis zu 20.000 Passagiere betragen kann.

An den Raumschiffen selber wird zurzeit noch intensiv gearbeitet. Weltweit wurden über 150 verschiedene Konzepte vorgeschlagen. Einige sind schon in der Testphase, andere sind noch in der Vorentwurfphase.

Eine große Schwierigkeit ist dabei, die Raumfahrzeuge so zu konstruieren, dass sie wirtschaftlich und zuverlässig betrieben werden können, da die benötigte Technologie sehr komplex ist. Wenn beim Losfahren mit dem Auto an der grün gewordenen Ampel der Motor plötzlich versagt, ist das meistens ungefährlich. Wenn bei einem Flugzeug beim Start ein Düsentriebwerk versagt, reichen die übrigen Triebwerke aus, um sicher zu starten.

Bei Raumfähren kann man sich den Luxus von Reserven leider nicht leisten. Jedes Extra-Kilogramm an Masse macht sich in der Raumfahrt sehr viel stärker durch höhere Betriebskosten bemerkbar als in der Luftfahrt. Also sollte vor der Produktion und Inbetriebnahme der Raumfähren vorher schon einmal geprüft werden, ob sie überhaupt wirtschaftlich fliegen können. Diese Überprüfung lässt sich am preiswertesten und schnellsten durch eine Computersimulation realisieren. Eine Untersuchung der wirtschaftlichen Realisierbarkeit durch Bestimmung der minimal notwendigen Flugscheinpreise wurde bereits durchgeführt. Die berechneten Flugscheinpreise variieren zwischen 300.000 und einer Million Dollar. Um rentabel zu sein, müsste die momentan praktizierte Verkaufsstrategie, Flugscheine für 100.000 Dollar anzubieten, geändert werden.

Noch ist es nicht soweit. Unverbindliche Ticketreservierungen für Mondflüge wurden von der Fluggesellschaft PanAm bereits 1969, nach dem Erfolg der Apollo-Mission, entgegengenommen. Bis heute hat noch keiner davon stattgefunden. Jedoch in Anbetracht der intensiven Forschung und der weiteren Kommerzialisierung der Raumfahrt erscheint ein Betrieb von wiederverwendbaren Raumfähren bis zum Jahr 2010 für den Individualtourismus und bis zum Jahr 2020 für den Massentourismus realistisch.

Seit dem 5. November 2003 biete ich an der Universität eine Vorlesung zum Thema „Weltraumtourismus" an. Dies ist die weltweit erste regelmäßige, offizielle Veranstaltung zu diesem Thema, die sich an alle Interessierten richtet. Auch Sie sind herzlich hierzu eingeladen.

Vielen Dank für Ihre Aufmerksamkeit!

Hörtext 3

Übungstest 2

Wie wir mehr aus unserem Geld machen können

Journalist: *Liebe Zuhörerinnen und Zuhörer, in der Regel erscheint Geld ganz handfest in Form von Münzen und Banknoten. Wir sprachen mit der Geldexpertin Professor Anneliese Schneider über ein allbekanntes und doch wenig verstandenes Phänomen. „Geld regiert die Welt", sagt der Volksmund. Frau Professor Schneider, was ist Geld für ein Medium?*

Schneider: *Geld ist das Medium, mit dem wir unsere Ideen verwirklichen und unsere sozialen Prozesse ermöglichen. Es regelt alle wirtschaftlichen Beziehungen der Menschen untereinander. Geld ist ein Kommunikationssystem, das effektiv funktioniert und das viele Entwicklungen erst möglich gemacht hat. Es ist nicht nur ein Tauschinstrument, denn vor allem die Geldanlage gestaltet unsere Realität. Von einem bestimmten Zeitpunkt in der Geschichte an ist das Geld, über seine Tauschfunktion hinaus, selbst zur begehrtesten Ware geworden. Genau diese Gier hat dem Geld seine Macht gegeben.*

Das Geld hat uns aber auch eine große Freiheit gebracht; es ermöglicht zum Beispiel die heute weltweite Arbeitsteilung. Nur hat Geld inzwischen seine Grenzen überschritten. Deshalb müssen wir versuchen, diese Übermacht zu zähmen, sie unter Kontrolle zu bekommen, ohne die positive Seite des Geldes zu verlieren.

Das Geld wurde erst zur Ware, als ihm ein Preis beigefügt wurde. Dieser Preis ist der Zins und der Ertrag, den man aus dem Geld erwartet. Das ist die eine Seite der Medaille. Die andere ist zugleich der Punkt, wo der eine Mensch vom anderen frei geworden ist.

Früher waren die Menschen auf Gedeih und Verderb aufeinander angewiesen, man half sich wechselseitig mit Lebensmitteln aus, auch beim Hausbau oder wenn der Nachbar in Not war. Erst als diese Verpflichtung zur Gegenseitigkeit keine Realität mehr war, entfiel der Zwang zur Hilfe und es entstand dadurch Freiheit. Durch die Zusatzprämie des Zinses konnte man sich aus der persönlichen Verpflichtung lösen, konkret heißt das, demjenigen wieder zu helfen, der einem geholfen hatte. Dies ist ein wesentlicher Grund für die Anonymität und Unverbindlichkeit, von denen das Geldsystem heute beherrscht wird.

Wir müssen verstehen, wie man Geld verändern kann, um es zu einem idealen Tauschmittel, zu einem idealen Wertmaßstab werden zu lassen. Kurz und gut: Wir müssen das Geld so verändern, dass es uns dient!

Journalist: *Ist Geld ein elegantes Machtinstrument, weil es so undurchschaubar ist?*

Schneider: *Das Geldsystem selbst ist nicht undurchschaubar, wir sehen nur meistens nicht genau hin. Zum Machtinstrument wird Geld, wenn man es intelligent einsetzt – ob zum Guten oder zum Schlechten. Wir müssen das Wissen darüber, wie man Geld sinnvoll einsetzt, vertiefen und verbreiten. Je mehr Geld ich habe und Ertrag bringend anlegen kann, umso mehr Menschen lasse ich für mich arbeiten. Für jeden Ertrag, den ich bekomme, müssen andere Menschen arbeiten. Ob in meiner nächsten Umgebung oder auf der anderen Seite der Welt.*

Die Umverteilung wird durch unser Geld meisterhaft verschleiert. Die meisten Menschen wissen nicht, dass in jedem Preis Zinsen enthalten sind. Denn jeder Unternehmer muss die Zinsen, die er der Bank bezahlt, in den Preis hineinkalkulieren. Im Durchschnitt aller Preise, die man zum Leben braucht, sind etwa 40 Prozent Zinsen enthalten. Man denkt dann: Weil wir alle diese einkalkulierten Zinsen zahlen, aber auf der anderen Seite auch Zinsen bekommen, gleicht sich das aus. Tatsächlich zahlen aber 80 Prozent der Menschen mehr Zinsen als sie zurück bekommen, bei zehn Prozent der deutschen Bevölkerung ist es etwa ausgeglichen und die vermögenden 10 Prozent bekommen die Erträge, die die ersten 80 Prozent zu viel gezahlt haben.

Journalist: *Was müsste man denn am Geld verändern?*

Schneider: *Zuerst die Einstellung. Wichtig ist zu begreifen, dass Geld „nur" eine Vereinbarung ist. Dieser Geldschein hier hat den Wert von 100 Euro, weil alle Beteiligten dies akzeptieren. In Wirklichkeit ist dieses Stückchen Papier keine 5 Cent wert.*

Das größte Problem ist, dass wir unser Geldsystem als so selbstverständlich hinnehmen, dass keiner auf die Idee kommt, dass man es verändern kann.

Journalist: *Frau Professor Schneider, ich danke Ihnen für dieses Gespräch.*

Hörtext 3

Übungstest 3

Keine sinnvolle Technik ohne Kulturverständnis

Journalistin: *Herr Professor Wilderer, Sie halten die Versorgung mit Trinkwasser für eine entscheidende Voraussetzung zur stabilen Entwicklung von Gesellschaften. Warum?*

Wilderer: *Wenn kein sauberes Wasser zur Verfügung steht, werden die Menschen krank. Das geschieht vor allem in den Armengebieten unserer Erde. Wenn aber Menschen krank werden, geht das uns in unserer globalisierten Welt alle an. Der erste Schritt zur Überwindung der Armut ist die Einführung einer gesicherten Wasserversorgung und Sanitärtechnik. Darauf lassen sich dann Wirtschaftswachstum und Wohlstand gründen. Lassen Sie mich dazu ein positives Beispiel nennen: Der rasante Aufstieg Singapurs zur Wirtschaftsmetropole setzte ein, als der Stadtrat beschloss, die Stadt flächendeckend mit Wasserversorgung und Kanalisation zu überziehen. Der wirtschaftliche Aufschwung folgte direkt.*

Journalistin: *Die Verknüpfung von High-tech und nachhaltiger Entwicklung ist für Sie ein wichtiges Anliegen. Was bedeutet das in Bezug auf Wassermanagement?*

Wilderer: *Bei uns werden die Schmutzstoffe mit viel Trinkwasser zur Kläranlage transportiert, was bisher kein Problem ist, weil wir über ausreichende Trinkwasservorkommen verfügen. Aber in Regionen, wo Wasser eine Mangelware darstellt, ist die Verwendung von Trinkwasser zum Wegspülen von Abfällen totaler Unsinn und sicher nicht nachhaltig – weder in wirtschaftlicher noch in ökologischer Sicht.*

Journalistin: *Wie weit herrscht Einigkeit unter Wasserexperten über den Begriff „Nachhaltigkeit"?*

Wilderer: *Man geht bisher davon aus, dass Nachhaltigkeit auf drei Säulen basiert: der ökonomischen, der sozialen und der ökologischen. Hinzukommen muss als weitere Säule eine gute staatliche Ordnung. Kultur gehört aber auch dazu. Unter Kultur verstehe ich unterschiedliche Traditionen, die sich in den Weltregionen entwickelt haben und die den Menschen einen inneren Halt geben, auch in schwierigen Zeiten. Man muss die örtlichen Traditionen kennen, damit man nachhaltige Technologien entwickeln kann – Techno-*

logien, die akzeptiert werden. Das gilt für die Wasserversorgung und die Sanitärtechnik in besonderem Maße.

Journalistin: *Wie funktioniert eine moderne Wassertechnologie im Prinzip?*

Wilderer: *Die Idee ist, eine Technik aufzubauen, die ähnlich wie die der Mülltrennung und -wiederverwertung funktioniert. Abwasser ist ein wichtiger Rohstoff, aus dem sich Wertstoffe gewinnen lassen, wie gereinigtes Wasser und elektrischer Strom. So könnte Urin getrennt gesammelt werden. Es wäre einfach, daraus Düngemittel herzustellen. Würde man das konsequent tun, könnte man die Kosten für die Abwasserreinigung um bis zu zwei Drittel senken. Ein anderer Wertstoffstrom ist das so genannte Grauwasser, das aus der Dusche, aus dem Waschbecken, der Spülmaschine kommt. Es ist leicht zu reinigen und kann im kleinen Kreislauf etwa eines Wohnkomplexes direkt als Brauchwasser verwertet werden. Solche dezentralen Systeme ließen sich problemlos in Neubaugebieten der wachsenden Städte schrittweise installieren.*

Journalistin: *Was ist mit den Kosten?*

Wilderer: *Die Kosten müssen im Verhältnis zu den Einsparungen bei Kanalisation, Wasserwerken und Kläranlagen beurteilt werden. Um die Komponenten des neuen Systems preiswert zu halten, plädiere ich für die Fertigung nach modernen industriellen Methoden.*

Journalistin: *Ist der Wirtschaft bewusst, dass Wassertechnologie ein Riesenmarkt ist?*

Wilderer: *Ja, ich denke schon. Aber erst langsam begreifen wir die globale Vernetzung und ihre Folgen für die Entwicklung der Wassertechnologie und deren Märkte. Ich denke, das wird von der Wirtschaft eher erkannt als von der Politik.*

Journalistin: *Sie wurden von der Nobelpreis-Jury als „Visionär" beschrieben. Was sind Ihre Visionen?*

Wilderer: *Durch meine „Lust" an der Zusammenarbeit mit Kollegen aus anderen Wissenschaftsbereichen konnte ich eine ganze Reihe von Entwicklungen anstoßen. Ich denke da zum Beispiel an die molekularbiologischen Methoden in der Abwasseranalytik, an die Nutzung der Mikrobiologie in Abwasserreinigungsanlagen oder die Forschung an Biofilmen, die zur Entwicklung von Bioaggregaten geführt hat. Dazu gehört dann auch die Idee, dass künftig ein dezentrales Wassermanagement installiert wird, ergänzend zum bestehenden System. Und dass wir so Schritt für Schritt die Probleme, besonders in der Dritten Welt, lösen können – aber nicht mit Primitivtechnologie, sondern mit solider High-tech.*

Mündlicher Ausdruck

Übungstest 1

Aufgabe 1
Fakultät für Theaterwissenschaften, Temeszitis, guten Tag!

Aufgabe 2
Sag mal, wie sieht es eigentlich mit Ferienjobs bei euch aus?

Aufgabe 3
Können Sie uns bitte die Grafik kurz vorstellen?

Aufgabe 4
Was halten Sie von der Idee, ein berufsbegleitendes Studium anzubieten?

Aufgabe 5
Ich würde gerne als Fernstudentin weitermachen. Wie findest du denn diese Idee?

Aufgabe 6
Können Sie bitte die dargestellte Grafik kommentieren?

Aufgabe 7
Du, schau mal. Das ist ein toller Kurs! Soll ich den nicht machen?

Übungstest 2

Aufgabe 1
Internationales Büro der Universität Lübeck, Steffens, guten Tag!

Aufgabe 2
Du, wie ist es eigentlich bei euch mit Fremdsprachen?

Aufgabe 3
Kannst du bitte mal die Grafiken vorstellen?

Aufgabe 4
Was halten Sie von der Idee, Messen mit Unternehmen während des Studiums anzubieten?

Aufgabe 5
Weißt du, ich überlege, das Studienfach zu wechseln. Ich will Betriebswirtschaftslehre studieren. Was meinst du denn dazu?

Aufgabe 6
Könnten Sie uns bitte diese Grafik erläutern!

Aufgabe 7
Was denkst du: Soll ich an dem Computerkurs teilnehmen?

Übungstest 3

Aufgabe 1
Internationales Büro der Universität Köln, Reiter, guten Tag!

Aufgabe 2
Sag mal, wie ist es mit dem Hochschulsport bei euch?

Aufgabe 3
Darf ich Sie bitten, die Grafik zu beschreiben?

Aufgabe 4
Was halten Sie von dem Vorschlag, einzelne Fachrichtungen an unserer Universität in Zukunft abzuschaffen?

Aufgabe 5
Du, ich würde gern am Austauschprogramm von unserer Uni teilnehmen. Was meinst du denn dazu?

Aufgabe 6
Können Sie bitte die Grafik zur Entwicklung der Treibhausgas-Emissionen kommentieren?

Aufgabe 7
Du, in der Bibliothek suchen sie eine Hilfskraft. Soll ich mich dafür melden?

Hörverstehen

Hörtext 1

Ein Karrierezentrum für Frauen

Studentin: *Guten Tag, ich bin Studentin an der Maschinenbaufakultät und möchte mich über das Karrierezentrum für Frauen informieren.*

Lukoschat: *Ja, gern.*

Studentin: *Was ist das für ein Programm und was machen Sie denn genau?*

Lukoschat: *Unser Karriere-Zentrum heißt Femtec Network und will ausgewählte Studentinnen der Natur- und Ingenieurwissenschaften fördern. Dazu haben sich die TU Berlin, die RWTH Aachen und die Technischen Universitäten Darmstadt und Dresden zusammengeschlossen.*

Studentin: *Warum gerade diese Fächer?*

Lukoschat: *Wir wenden uns speziell an die so genannten „harten" Fächer wie Elektrotechnik, Maschinenbau und Informatik, weil dort der Frauenanteil oft nicht einmal zehn Prozent beträgt. Wir wollen diese Studiengänge für Frauen attraktiver machen. Und wir wollen Firmen die Möglichkeit geben, frühzeitig zu sehr engagierten, ambitionierten Studentinnen Kontakt aufzunehmen.*

Studentin: *Mit welchen Unternehmen kooperieren Sie?*

Lukoschat: *Mit fast allen großen Unternehmen wie DaimlerChrysler, Porsche, Siemens, EADS usw.*

Studentin: *Das ist super! Siemens und EADS finde ich ganz besonders interessant. Seit wann gibt es denn dieses Projekt?*

Lukoschat: *Die Femtec wurde 2001 als GmbH gegründet, um eine kleine, flexible, wirksame Einheit zu sein. Unsere Aufbauphase in Berlin lief so gut, dass wir im vergangenen Herbst ein bundesweites Netzwerk gestartet haben.*

Studentin: *Was sind die Aufnahmebedingungen?*

Lukoschat: *Sie müssen ein überdurchschnittliches Vordiplom aufweisen. Nur dann kommen Sie in ein Auswahlverfahren, um zu prüfen, ob Sie engagiert, kommunikationsfähig und für Führungspositionen geeignet sind.*

Studentin: *Und das Verfahren läuft jedes Semester?*

Lukoschat: *Ja, es werden jeweils 20 Frauen ausgewählt. Wir bringen sie zwei Wochen in einem Intensivkurs zusammen, damit sie untereinander und zu den Firmen Kontakte knüpfen können. Die Teilnehmerinnen trainieren Kommunikations- und Präsentationsfähigkeiten und arbeiten über längere Zeit an einer betriebswirtschaftlichen Studie.*

Studentin: *Und was bringt mir als Studentin die Mitarbeit in Netzwerken?*

Lukoschat: *Indem die Studentinnen zwei Wochen zusammen sind und immer wieder gemeinsam Exkursionen machen, hoffen wir, dass ein Zusammenhalt entsteht, der später auch im Beruf nützlich sein wird. Leider sind die Berufsaussichten nach wie vor schlechter als für die männlichen Kollegen.*

Studentin: *Warum?*

Lukoschat: *Ingenieurinnen finden den Berufseinstieg später, werden schlechter bezahlt. Das kann man nur mit allgemeinen Strukturen begründen. Der berufliche Aufstieg ist für Männer immer noch einfacher als für Frauen, Familie und Karriere lassen sich schwer miteinander verbinden. Auch schreiben die männlichen Kommilitonen ihre Diplomarbeiten häufiger als weibliche bereits bei ihren späteren Arbeitgebern.*

Hörtext 2

E-Learning in der Hochschule

Journalistin: *Herr Apostolopoulos, Sie sind Gründer und Geschäftsführender Leiter des Kompetenz-Zentrums für E-Learning und Multimedia an der Freien Universität Berlin. Lernen am und mit dem Computer steht beim E-Learning im Mittelpunkt. Im letzten Jahr haben Sie angekündigt, an der Freien Universität eine Revolution in Sachen E-Learning auszulösen. Ist Ihnen das gelungen?*

Leiter: *Ja! Die Initialzündung für die Verbreitung von E-Learning haben wir hier in Berlin auf jeden Fall geschafft. Wir haben ein flächendeckendes Basisangebot für alle Veranstaltungen der Freien Universität Berlin entwickelt. Dazu gehören die Anmeldung, die Erstellung und die Bereitstellung von multimedialen Materialien sowie die Durchführung von Veranstaltungen jeder Größe.*

Journalist: *Und wie viele Personen nutzen dieses System?*

Leiter: *Ein Drittel unserer Studierenden nutzt aktiv unsere Lernplattform, und 25 Prozent aller Lehrveranstaltungen finden online, d. h. im Internet statt. Für die Freie Universität gilt: E-Learning ist kein Abenteuer mehr. Es ist inzwischen* *eine im Alltag übliche Ergänzung zum bisherigen klassischen Unterricht, der so genannten Präsenslehre.*

Journalistin: *Wie verbreitet ist E-Learning bereits an deutschen Hochschulen?*

Leiter: *An etwa 20 Universitäten wird das Thema konsequent vorangetrieben. Es gibt kaum noch Universitätsleitungen, die den enormen Stellenwert von E-Learning nicht anerkennen. An allen Hochschulen werden zumindest begleitende Lehrmaterialien im Internet, auf der Webseite der Dozentinnen und Dozenten, eingestellt.*

Journalistin: *Ist damit der Sprung zum globalen E-Learning gelungen?*

Leiter: *Keineswegs. So haben zum Beispiel auch die Bibliotheken noch im Bereich der kompletten Umstellung auf elektronische Medien viele Schwierigkeiten. Ich sehe nur wenige „blended libraries", d.h. Bibliotheken, die klassisch mit Büchern arbeiten und gleichzeitig medienbasiert sind. Außerdem gibt es in Deutschland noch recht wenige Initiativen zur Sammlung und Bereitstellung digitaler Bestände von Bildern, Videos oder Datenmaterial in einem hochschulweiten Medienpool. Solche Konzepte sind erst im Aufbau.*

Journalist: *Wie weit sind die deutschen Hochschulen in Sachen E-Learning im internationalen Vergleich?*

Leiter: *Die Spitzenreiter im Bereich E-Learning unter den deutschen Universitäten sind im Hinblick auf Qualität der Lernmaterialien etwa auf dem gleichen Niveau wie die meisten Elite-Universitäten in den USA. Aber die amerikanischen Universitäten haben längst ihre Probleme bei der Administration von E-Learning gelöst. Dort wird nicht mehr über ein Online-Anmeldeverfahren diskutiert. Und die technische Ausstattung, etwa im Hörsaal, ist dort auch längst vorhanden, während wir hier noch aufholen müssen. Die Bereitschaft der Dozenten im Ausland zur Nutzung der digitalen Technik ist nicht viel ausgeprägter als hier. Dagegen ist die Akzeptanz von E-Learning bei den Studierenden in Deutschland sehr hoch.*

Journalistin: *Warum braucht man hier zu Lande so lange für die Umstellung der Verwaltung auf digitale Technologie?*

Leiter: *Durch die Umstellung auf Bachelor- und Masterstudiengänge haben wir eine neue Welle von Bürokratisierung in Gang gesetzt. Die Administration ist vergrößert worden. Auch die Arbeitsschritte, die elektronisch gestützt werden müssen, sind umfangreicher als vorher. Jede Hochschule hat zum Beispiel für jeden einzelnen Studiengang eine eigene Prüfungsordnung. Solche Verfahren lassen sich nicht so einfach automatisieren.*

Journalist: *Und in welchen Bereichen wäre es einfacher zu gestalten?*

Leiter: *Beim Testen und Prüfen. Besonders bei den Online-Prüfungen tun sich die Hochschulen noch schwer. Dabei ist der Einsatz von digitalen Technologien in der Prüfung eine natürliche Folge. Nicht nur technische, auch geisteswissenschaftliche Institute können ihre Studierenden elektronisch prüfen. Hier sind allerdings noch Probleme bei der Datensicherheit und dem Datenschutz zu lösen.*

Journalistin: *Ein großer Gewinn bei E-Learning-Konzepten ist die Möglichkeit, auch länderübergreifend zu kooperieren. Wie sind die Perspektiven dafür?*

Leiter: *Das ist noch ein schwieriges Thema. Internationale E-Learning-Kooperationen sehe ich eher im Bereich der professionellen Weiterbildung. Auf Bachelor-Niveau erscheint mir das schwieriger. Ich kann mir nicht vorstellen, dass Berliner Studierende an der Universität Helsinki elektronisch Geographie studieren. Schließlich lernt man am besten in seiner Muttersprache. Und die Studierenden kommen ja auch an die Universität, um sich dort zu treffen. Der soziale Aspekt ist bei einem Studium nicht zu unterschätzen. Das Zusammenlernen erhöht die Motivation und fördert die Entwicklung von sozialer Kompetenz und Schlüsselqualifikationen. Man lernt ja auch mit- und voneinander.*

Journalist: *Vielen Dank für das Gespräch.*

Hörtext 3

Aus den Fugen geraten

Der Mensch erlebt und gestaltet Geschichte, oft allerdings anders als er möchte. Fast jeder Mensch ist bei dramatischen Ereignissen schockiert, wie z. B. beim Tsunami am 26. Dezember 2004. Doch was ist mit den schleichenden, den leisen Veränderungen? Berühren die uns weniger, nur weil wir sie nicht wirklich schmerzhaft wahrnehmen?

Wir sind da nicht wirklich in einer anderen Situation als der arme Frosch. Setzt man ihn in einen Topf heißen Wassers, erlebt er den Temperaturunterschied als äußerst schmerzhafte Erfahrung und springt sofort wieder heraus. Doch wenn das Wasser langsam erhitzt wird, bleibt er einfach sitzen. Er registriert immer nur eine minimale Veränderung. So verpasst das arme Tier den Zeitpunkt des richtigen, für ihn lebensrettenden Handelns. Der Frosch gewöhnt sich an das, woran er sich nie gewöhnen dürfte. Ähnlich geht es auch uns. Denn seit vielen Jahren gewöhnen wir uns an Veränderungen, mit denen wir uns keine Minute abfinden dürften.

Ich will nur die zwei gravierendsten nennen. Sie betreffen unsere natürliche und unsere soziale Umwelt. Beide Entwicklungen sind gleichermaßen besorgniserregend. Und beide leiden unter einer ähnlichen Entwicklung: dem Verlust der Mitte und der Zunahme von Extremen.

Lassen Sie mich die Entwicklung aus der europäischen Perspektive beschreiben: Europa zeichnet sich bislang durch ein besonders ausgewogenes Klima aus. Es gibt wärmeres und kälteres, feuchteres und trockeneres Wetter.

Doch Europa stand nicht nur für ein gemäßigtes und fruchtbares Klima, sondern auch für soziale und wirtschaftliche Balance. Übermäßiger Reichtum auf der einen Seite und grenzenlose Armut auf der anderen – das gab es in anderen Teilen der Welt mehr als in Europa. Doch genau dies ändert sich.

Beim Klima fängt es an, den Menschen bewusst zu werden. Schon vor 25 Jahren habe ich auf die Gefahren des Klimawandels hingewiesen und zum Handeln aufgerufen. Spürbare Veränderungen wirken erst mit großer Zeitverzögerung. Die Klimagase, die wir heute finden, wurden schon vor Jahrzehnten in die Umwelt gebracht. Mit anderen Worten: Ändern wir jetzt unser Verhalten, wird es wiederum Jahre dauern, bis positive Wirkungen bemerkbar sind.

Das Klima ist aber längst aus den Fugen geraten. Das ist heute für jeden offensichtlich. Extrem heiße Sommer, extrem schneearme Winter, extreme Regenfälle, extreme Überflutungen. Nicht die einzelne Wetterveränderung ängstigt uns, sondern die Summe und Tendenz dieser Veränderungen.

Nicht weniger besorgt beobachte ich die Entwicklung unserer Gesellschaft. Auch hier geht der Zusammenhang verloren, nehmen die Extreme in unvorstellbarem Ausmaß zu: ein dramatisches Anwachsen der Armut auf der einen Seite und eine Zunahme des Reichtums in unvorstellbaren Dimensionen auf der anderen Seite. Die unteren 50 Prozent der deutschen Haushalte besitzen heute nur noch vier Prozent des gesamten Volksvermögens. Manager- und Vorstandsgehälter sind überdurchschnittlich gestiegen. Und die soziale Schere geht weiter auseinander.

Beide Trends sind nicht naturgegeben. Sie wurden von uns Menschen gemacht – weil unser herrschendes Welt- und Menschenbild, unsere Rechtsordnung und unsere Wirtschafts- und Geldordnung das Eigeninteresse, die Konkurrenz und den persönlichen Vorteil fordern und fördern. Wenn jeder nur an sich und seinen Vorteil denkt, entsteht dabei automatisch der größtmögliche Nutzen für die Allgemeinheit – das war die Idee von Adam Smith. Sie ist noch heute die Grundlage unseres Wirtschaftssystems. Und sie ist freilich falsch, wie wir mit Blick auf die geschilderten Entwicklungen zugeben müssen.

Richtig im Sinne einer funktionierenden Wirtschaft ist, sich dem anderen zuzuwenden. Mit- und füreinander zu arbeiten, anstatt gegeneinander. So gesehen geht es um mehr als nur den Umweltschutz. Es geht um ein grundlegendes Umdenken in Kultur, Politik und Wirtschaft.

Müssen wir dazu den Egoismus überwinden? – Nicht unbedingt! Wo er uns lieb geworden ist, dürfen wir ihn behalten. „Beziehe den ganzen Weltzusammenhang in dein Denken ein – und dann handle immer konsequent egoistisch", sagte Rudolf Steiner einmal sinngemäß. Dann könnten wir rücksichtsvoll handeln – oder auch egoistisch. Es ist dann nämlich ein und dasselbe. Ich gebe zu, es ist kein leichter Weg. Aber es ist höchste Zeit, aufzubrechen!

Mündlicher Ausdruck

Aufgabe 1
Sprachenzentrum der LMU, Ragg, Grüß Gott!

Aufgabe 2
Sag mal, wie feiert man bei euch so etwas?

Aufgabe 3
Könnten Sie uns bitte die Grafik kurz beschreiben?

Aufgabe 4
Was halten Sie von dem Plan, ein Auslandssemester einzuführen?

Aufgabe 5
Was soll ich denn tun? Was meinst du dazu?

Aufgabe 6
Würden Sie uns bitte Ihre Überlegungen vortragen?

Aufgabe 7
Sag mal, meinst du, das könnte ich machen?

Leseverstehen

Lesetext 1

Übungstest 1: Kursangebote der Volkshochschule
1 – C, 2 – H, 3 – G, 4 – D, 5 – I, 6 – B, 7 – E, 8 – I, 9 – F, 10 – I

Übungstest 2: Studium und Beruf
1 – E, 2 – B, 3 – H, 4 – I, 5 – F, 6 – G, 7 – I, 8 – C, 9 – I, 10 – D

Übungstest 3: Museen in Karlsruhe
1 – G, 2 – B, 3 – E, 4 – C, 5 – I, 6 – F, 7 – H, 8 – I, 9 – D, 10 – I

Lesetext 2

Übungstest 1: Die Welle schafft es
11 – B, 12 – C, 13 – A, 14 – B, 15 – B, 16 – B, 17 – C, 18 – C, 19 – A, 20 – A

Lösungsvorschläge Übungen S. 24/25

1. Paraphrasierungen von Mengenangaben
b) gut die Hälfte, mindestens 50 %
c) mehr als 25 %
d) der größte Teil, die meisten
e) fast niemand

2. Synonyme / Umschreibungen
b) Die Branche erwartet einen Zuwachs, der größer ist als gewöhnlich.
c) Fast die gesamten Wellpappenverpackungen […] werden recycelt / gelangen wieder in den Materialkreislauf.
d) Diese Methode ist bis zum heutigen Tage erfolgreich.
e) Die Erwartungen an die Wellpappe werden immer größer.

3. Komposita
b) die (überdurchschnittliche) Rate des Wachstums
c) Verpackungen aus Wellpappe
d) der Kreislauf des Materials
e) Papier zum Drucken von Zeitungen

4. Oppositionen
b) Das lässt das Interesse an Verpackungen aus Wellpappe sinken.
c) Die Papierproduktion ist geruch- und geräuschintensiv.
d) Die Anforderungen an die Wellpappe sinken / werden immer geringer.

Übungstest 2: Büffeln ohne Ballast
11 – A, 12 – A, 13 – A, 14 – C, 15 – C, 16 – B, 17 – A, 18 – A, 19 – B, 20 – B

Übungstest 3: Die Hände reden, die Augen hören
11 – C, 12 – C, 13 – B, 14 – A, 15 – A, 16 – C, 17 – B, 18 – C, 19 – C, 20 – C

Lesetext 3

Übungstest 1: Trompeten wie Presslufthämmer
21 – Ja, 22 – Nein, 23 – TSDN, 24 – TSDN, 25 – Ja, 26 – Nein, 27 – TSDN, 28 – Ja, 29 – Ja, 30 – Nein

Lösungsvorschlag Übung S. 35

	Gleiche Informationen		Abweichende Informationen		Lösung
	Item	**Text**	**Item**	**Text**	
24	Elefanten Töne	Elefanten Tönen	fällt es schwer, hohe Töne zu erzeugen	bevorzugt mit tiefen Tönen kommunizieren	Text sagt dazu nichts
	Infraschallbereich	Infraschallbereich	zwei Drittel ihrer Laute	Über zwei Drittel aller Laute	
27	Elefanten	Elefanten	aufeinander angewiesen	sprechen unterschiedliche Dialekte	Text sagt dazu nichts
	reagieren sie mit größerem Interesse	reagieren sie interessierter als	bei Lauten ihrer Artgenossen	auf die Rufe bekannter Artgenossen	

Übungstest 2: „Geburtenkontrolle" für Autos?
21 – Ja, 22 – TSDN, 23 – Nein, 24 – TSDN, 25 – Nein, 26 – Ja, 27 – Nein, 28 – Nein, 29 – TSDN, 30 – Ja

Übungstest 3: Solange die Sonne scheint
21 – Ja, 22 – TSDN, 23 – Ja, 24 – TSDN, 25 – TSDN, 26 – Ja, 27 – Ja, 28 – Nein, 29 – Nein, 30 – Nein

Hörverstehen

Hörtext 1

Übungstest 1: Im Einwohnermeldeamt
1 von der Uni / Pass und Uniunterlagen
2 (erst) nächste Woche
3 das (Antrags)Formular
4 mit der Immatrikulationsbescheinigung
5 im Studentenwohnheim / in einer Wohngemeinschaft
6 für die Aufenthaltserlaubnis
7 wegen des Seminars / jeden Vormittag Seminar (an der Uni)
8 Dienstagnachmittag (zwischen 14.00 und 16.30 Uhr) / nächsten Dienstag

Lösungsvorschlag Übung S. 45
a) oder = o., aber = a., spätestens = spätest.

b) Die folgenden Abkürzungen sind als Vorschläge gedacht; Sie können auch ähnliche oder andere Abkürzungen benutzen.

Anmeldung = Anm., Aufenthaltsgenehmigung = Aufenth.gen., Studium = Stud., Immatrikulationsbescheinigung = Imm.besch., Antrag = Antr., Mietvertrag = Mietv., Studentenwohnheim = Stud.WH, Wohngemeinschaft = WG, Bankgarantie = Bankgar., Passfoto = Passf., Vormittag = Vorm., Seminar an der Universität = Unisem., Dienstagnachmittag = Di. nachm.

Übungstest 2: Im Internationalen Büro der Universität
1 (auf die Programme) mit Stipendium
2 Anglistik
3 nach England und Irland
4 300 Euro
5 es wird anerkannt / wegen Anerkennung
6 Krankenversicherung und (Zuschuss zu den) Reisekosten
7 am 30. Juni
8 (in der) Informationsbroschüre

Übungstest 3: Günstig Bahn fahren
1 (weniger als) die Hälfte / halb so viel
2 (wegen der) Gruppentarife
3 sie suchen Mitfahrer (für bestimmte Strecken)
4 Berlin – Köln; Hamburg – Frankfurt
5 in zwölf (Städten)
6 a) keine BahnCard;
b) nur für eine Strecke / Fahrt
7 Studenten
8 (direkt) am Bahnhof

Hörtext 2

Übungstest 1: Gentechnik in Nahrungsmitteln
9 – R, 10 – R, 11 – F, 12 – F, 13 – F, 14 – R, 15 – R, 16 – R, 17 – R, 18 – F

Übungstest 2: Doktortitel – ja oder nein?
9 – F, 10 – R, 11 – R, 12 – R, 13 – F, 14 – F, 15 – R, 16 – F, 17 – R, 18 – F

Übungstest 3: Fleißpunkte sammeln!
9 – F, 10 – R, 11 – F, 12 – R, 13 – R, 14 – F, 15 – R, 16 – F, 17 – R, 18 – F

Hörtext 3

Übungstest 1: Urlaub im Weltraum
19 Sicherheitstraining, Simulationsflüge, Parabelflüge, Fahrt in Zentrifuge
20 a) (wollen) Erde und Weltraum betrachten
b) (Erfahrung der) Schwerelosigkeit
21 Bis zu 20.000 Passagiere
22 a) Wirtschaftlichkeit
b) Zuverlässigkeit
23 durch Computersimulation
24 a) bis 2010 für den Individualtourismus
b) bis 2020 für den Massentourismus
25 an alle Interessierten

Übungstest 2: Wie wir mehr aus unserm Geld machen können
19 a) große Freiheit
b) weltweite Arbeitsteilung
20 aufeinander angewiesen sein / sich wechselseitig (mit Lebensmitteln) aushelfen / Verpflichtung zur Gegenseitigkeit

21 wie man Geld verändern kann / Geld als ideales Tauschmittel und Wertspeicher nutzen
22 wenn man es intelligent einsetzt
23 für jeden Ertrag, den man bekommt, müssen andere Menschen arbeiten
24 (in jedem Preis etwa 40 % Zinsen), 80 % der Menschen zahlen mehr (Zinsen) als sie zurückbekommen, 10 % erhalten soviel (Zinsen) wie sie zahlen
25 Geld ist nur eine Vereinbarung / das Geldsystem nicht als selbstverständlich hinnehmen

Übungstest 3: Keine sinnvolle Technik ohne Kulturverständnis

19 totaler Unsinn / weder wirtschaftlich noch ökologisch nachhaltig
20 ökonomische, soziale und ökologische Säule
21 (ähnlich) wie bei Mülltrennung und Wiederverwertung
22 a) Urin trennen und daraus Düngemittel herstellen
b) Grauwasser als Brauchwasser verwenden
23 die Wirtschaft
24 Methoden in der Abwasseranalytik / Nutzung der Mikrobiologie in Abwasserreinigung / Entwicklung von Bioaggregaten
25 a) dezentrales Wassermanagement
b) Probleme in der Dritten Welt mit High-tech lösen.

Schriftlicher Ausdruck

Erwartungshorizont

Die folgenden Hinweise zur Lösung der Aufgaben zum Schriftlichen Ausdruck stellen keine Musterlösungen oder idealen Antworten dar. Andere Argumente und Lösungen sind ebenfalls denkbar.

Die Stichpunkte zu den einzelnen Aufgabenpunkten und Unterpunkten geben Anregungen für die Bewältigung der Aufgaben. Redemittel werden nicht aufgeführt; Sie finden sie beim Strategietraining.

Bei den Hinweisen handelt es sich nicht um Bewertungskriterien zur Beurteilung der Aufgaben zum Schriftlichen Ausdruck. Eine Zuordnung zu den einzelnen TestDaF-Niveaustufen ergibt sich hieraus nicht.

Übungstest 1: Sprachreisen

Einleitung

Mögliche Alternativen:

1. Fremdsprachenkenntnisse haben heute eine zunehmende Bedeutung.
2. Für den beruflichen Erfolg ist das Erlernen von Fremdsprachen notwendig.
3. Berufliche und private Anforderungen bringen Auslandsaufenthalte mit sich, dabei sind Fremdsprachenkenntnisse hilfreich.

Überleitung

Mögliche Alternativen:

1. Es gibt viele Möglichkeiten eine Sprache zu lernen. / Unterschiedliche Sprachangebote und Möglichkeiten bringen die Qual der Wahl mit sich.
2. Die Deutschen sind Weltmeister im Reisen, sind sie es auch im Sprachenlernen?

Grafikbeschreibung

Thema: Fremdsprachen im Ausland lernen
Darstellung: Verteilung der Sprachreisenden nach Fremdsprachen und Reisezielen/Ländern, Angaben in Prozent
Quelle: Fachverband Deutscher Sprachreise-Veranstalter e. V.

Alternative 1:
Behandlung der Aufgabenpunkte nacheinander
Aufgabenstellung Punkt 1:
Im Jahre 2005

- lernen die Sprachreisenden überwiegend Englisch (knapp drei Viertel aller Lernenden),
- fällt ein Viertel auf die Sprachen Spanisch, Französisch und Italienisch,
- haben weitere Sprachen mit 1 % keine große Bedeutung.

Aufgabenstellung Punkt 2:
Die folgenden Länder werden bereist:

- Großbritannien und Malta von über 50 % der Sprachreisenden,
- Spanien und Frankreich von knapp 10 %,
- alle weiteren aufgeführten Länder von 1 bis maximal 5 % der Sprachreisenden.

Alternative 2:
parallele Behandlung der beiden Aufgabenpunkte
Im Jahre 2005

- lernen die Sprachreisenden überwiegend Englisch (knapp drei Viertel aller Lernenden), davon mehr als die Hälfte in Großbritannien und Malta,

- lernt ein Viertel Spanisch, Französisch sowie Italienisch und reist dafür nach Spanien und Frankreich, was jeweils knapp 10 % ausmacht; 4 % reisen nach Italien,
- andere Reiseländer liegen bei maximal 5 % (USA und Lateinamerika).

Zusammenfassung

Die überwiegende Mehrheit der Sprachreisenden lernt die Weltsprache Englisch in den anglophonen europäischen Ländern Großbritannien und Malta. Weitere wichtige Sprachreiseländer: Spanien, Frankreich und Italien, jedoch mit weniger als 10 %.

Überleitung

Mögliche Alternativen:

1. Ist es sinnvoll, eine Sprache im Ausland zu lernen?
2. Wenn man reist, bietet ein Sprachkurs eine gute Möglichkeit, Urlaub und Bildung zu verbinden.
3. Sprachreisen sind sehr im Trend und werden überall angepriesen, sind sie auch effektiv?

Wiedergabe der beiden Stellungnahmen

- Um eine Sprache zu lernen, braucht man nur eine gute Motivation und Fleiß.
- Fremdsprachen im Ausland zu lernen ist einfacher und natürlicher.

Eigene Stellungnahme

Mögliche Argumente für die Aussage eins:

- Die wichtigsten Faktoren beim Lernen: Interesse und Ausdauer.
- Im eigenen Land kann eine Fremdsprache in der Muttersprache vermittelt werden (besonders am Anfang wichtig).
- Vermarktung von Sprachreisen ist oft teuer und wenig sinnvoll.

Mögliche Argumente für Aussage zwei:

- Wenn man im Ausland eine Fremdsprache lernt, ist das viel interessanter.
- In der natürlichen Sprachumgebung funktioniert das Sprachlernen authentisch und schnell.
- Sprachreisen sind eine gute Möglichkeit, Nützliches mit Angenehmem zu verbinden.

Situation im Heimatland

Anregungen:

- Welche Fremdsprachen werden hauptsächlich gelernt?
- Gibt es viele Angebote für Sprachreisen?

Übungstest 2: Die Zukunft ist weiblich

Einleitung

Mögliche Alternativen:

1. Die Wirtschaft erkennt die wichtige Rolle der Frauen in der industriellen Forschung. / Die Arbeitgeber sehen die Notwendigkeit gemischter Teams in der industriellen Forschung.
2. Nur ein geringer Prozentsatz der Forscher in der deutschen Industrie ist weiblich.
3. Wenige Frauen entscheiden sich für ein Ingenieur- bzw. Naturwissenschaftsstudium.

Überleitung (Alternativen)

Mögliche Alternativen:

1. Frauen in Deutschland studieren bevorzugt geisteswissenschaftliche Fächer / wählen kaum technische und naturwissenschaftliche Fächer.
2. Frauen in Deutschland sollten für ein technisches / naturwissenschaftliches Studium motiviert werden.

Grafikbeschreibung

Thema: Anteil der weiblichen Studierenden nach Fächern
Legende: Deutschland, Zeitraum 1995 – 2003, Angaben in Prozent
Quelle: Statistisches Bundesamt (Destatis)

Alternative 1:

Behandlung der Aufgabenpunkte nacheinander
Aufgabenstellung Punkt 1:
1995 und 2003

- ist der Anteil weiblicher Studierender in den Fächern Romanistik und Kunst(wissenschaften) sehr hoch (jeweils über 80 %).
- liegt der Anteil weiblicher Studierender in den Fächern Biologie und Mathematik im mittleren Bereich (Tendenz steigend).
- ist der Anteil von Studentinnen in technischen Fächern sehr gering / unterdurchschnittlich.

Aufgabenstellung Punkt 2:
Im Vergleich zu 1995 ist 2003

- kaum eine Veränderung bei den Fächern Romanistik und Kunst(wissenschaften) zu erkennen,
- der Anteil von Frauen in den Studienfächern Biologie und Mathematik auf mehr als 50 % gestiegen (Biologie: von knapp 40 auf 65 %, Mathematik: von gut 28 auf gut 52 %),
- auch bei technischen Fächern ein Anstieg zu erkennen, doch bleiben Frauen mit jeweils ca. 20 % noch unterdurchschnittlich vertreten.

Alternative 2:
parallele Behandlung der 2 Aufgabenpunkte
- 2003: Der Anteil weiblicher Studierender in den Fächern Romanistik und Kunst(wissenschaften) ist noch genauso hoch wie 1995 (über 80 %).
- Der Anteil weiblicher Studierender in den Fächern Biologie und Mathematik liegt generell im Mittelfeld, steigt aber bis zum Jahr 2003 auf mehr als 50 % (in Biologie auf 65 %).
- Bei explizit technisch-naturwissenschaftlichen Fächern (Physik, Maschinenbau und Informatik) steigt der Frauenanteil von ca. 12 % (bzw. 8 %) 1995 auf ca. 20 % im Jahr 2003, liegt aber damit immer noch weit unter 50 %.

Zusammenfassung
Trotz erkennbarer / deutlicher Veränderungen ist der Anteil von Frauen in explizit technischen bzw. naturwissenschaftlichen Fächern wie Physik, Maschinenbau und Informatik mit ca. 20 % unterdurchschnittlich gering, bei geisteswissenschaftlichen Fächern wie Romanistik und Kunst(wissenschaften) dagegen mit ca. 80 % überdurchschnittlich hoch.

Überleitung
Mögliche Alternativen:
1. Infolgedessen sind zu wenige Frauen in der industriellen Forschung tätig. Diese Situation soll verändert werden. Von wem? Wie?
2. Frauen sollen für Studium technisch-naturwissenschaftlicher Fächer bzw. für die Forschung in der Industrie motiviert werden. Auf welche Weise?
3. Berufliche und familiäre Anforderungen lassen sich oft schwer vereinbaren, v. a. bei Berufstätigkeit in Forschung und Industrie. Was könnte dagegen unternommen werden?

Wiedergabe beider Stellungnahmen
- Die Förderung der berufstätigen Frauen ist eine Aufgabe der Arbeitgeber.
- Die Unterstützung der berufstätigen Frauen ist eine Aufgabe des Staates.

Eigene Stellungnahme
Mögliche Argumente für Aussage 1:
- Arbeitgeber profitieren von Mitarbeiterinnen, deshalb sollten sie in diese auch investieren (z. B. für Kinderbetreuung zahlen).
- Betriebe sollten für gute Karriere- und Arbeitsmöglichkeiten sorgen (z. B. Halbtagsstellen, flexible Arbeitszeit, Telearbeit). Das motiviert Mitarbeiterinnen zu höheren Leistungen.

Mögliche Argumente für Aussage 2:
- Ohne Frauen kann Wirtschaft nicht florieren. / In einzelnen Bereichen gibt es einen Mangel an hoch qualifizierten Arbeitskräften.
- Eine gesicherte Kinderbetreuung (in Kindergärten und Ganztagsschulen) motiviert Frauen zu mehr Einsatz und stärkt die Familie.
- Frauenförderung / die Gleichberechtigung der Frau ist Aufgabe jedes demokratischen Staates.

Situation im Heimatland
Anregungen:
- Wie ist die aktuelle Rolle der Frau in der Wirtschaft?
- Was sind die beliebtesten Studienfächer bei Frauen? Gab es Veränderungen in den letzten Jahren?
- Welche Tendenzen sind in der Frauenförderung erkennbar?

Übungstest 3: Finanzierung des Studiums

Einleitung (Alternativen)
Mögliche Alternativen:
1. Studieren ist teuer (Miete, Essen, Fahrtkosten, Bücher, Studiengebühren etc.).
2. Eltern tragen häufig nach wie vor die Kosten des Studiums.
3. Viele Studierende jobben neben dem Studium.

Überleitung
Mögliche Alternativen:
1. Wie kann ein Studium sinnvollerweise finanziert werden?
2. Ist es richtig, sich von den Eltern unterstützen zu lassen?

Grafikbeschreibung
Thema: Finanzierung des Studiums
Legende: Deutschland, Zeitraum 1991 – 2006, Angaben in Prozent
Quelle: Deutsches Studentenwerk

Alternative 1:
Behandlung der Aufgabenpunkte nacheinander
Aufgabenstellung Punkt 1:
In den Jahren 1991 und 2006
- wird der größte Anteil der Studierenden von den Eltern finanziert.
- erhält ein Viertel staatliche Unterstützung (BAföG).
- steht die Finanzierung durch eigene Arbeit an dritter Stelle.
- finanzieren Studierende sich zu ca. 10 % über sonstige Quellen.

Aufgabenstellung Punkt 2:
Veränderungen seit 1991:
- Leichter, aber kontinuierlicher Anstieg der Finanzierung durch Eltern erkennbar.
- BAföG steigt von 25 % im Jahr 1991, erreicht 2000 Höhepunkt (30 %), geht dann zurück und liegt 2006 bei ca. 23 %.
- Die Finanzierungsquelle eigener Verdienst sinkt im Zeitraum 1991 – 1997 (von über 20 % auf etwa 10 %), bleibt seitdem fast unverändert.
- Die Finanzierung durch sonstige Quellen bleibt konstant.

Alternative 2:
parallele Behandlung der 2 Aufgabenpunkte im Zeitraum 1991 bis 2006
- ist ein kontinuierlicher Anstieg der Finanzierung durch Eltern erkennbar, er beträgt 2003 über 50 %,
- steigt die BAföG-Finanzierung von 25 % im Jahr 1991 auf 30 % im Jahr 2000, erreicht damit Höhepunkt und geht anschließend zurück. Sie liegt 2006 bei ca. 23 %,
- sinkt die Geldquelle eigener Verdienst bis 1997 von 20 % auf etwa 10 %, bleibt seitdem fast unverändert.

Zusammenfassung
Nur wenige Studierende bestreiten den Lebensunterhalt selbst.

Überleitung
Bringt das Arbeiten neben dem Studium mehr Vorteile oder mehr Nachteile?

Wiedergabe beider Stellungnahmen
- Vorteile: Man gewinnt praktische Erfahrung, bekommt nützliche Kontakte, erlernt eine bessere Zeiteinteilung.
- Nachteile: Das Jobben bringt Zeitverlust mit sich, das Studium leidet, es bleibt weniger Zeit für Freunde und Freizeit.

Eigene Stellungnahme
Mögliche Argumente für Aussage 1:
- Man macht erste Berufserfahrung.
- Man erwirbt soziale Kompetenzen.
- Die Selbstständigkeit / Die Unabhängigkeit von den Eltern ist größer.

Mögliche Argumente für Aussage 2:
- Die Folge könnten schlechtere Leistungen im Studium und eine längere Studiendauer sein.
- Man hat weniger Zeit für die Freizeitgestaltung, kein richtiges „Studentenleben".
- Soziale Kontakte leiden unter dem Jobben.

Situation im Heimatland
Anregungen:
- Ist ein Studium teuer und wie finanziert man es?
- Jobben die Studierenden während des Studiums oder zahlen die Eltern?
- Gibt es staatliche Unterstützung?

Mündlicher Ausdruck

Erwartungshorizont

Die Beurteilung des Mündlichen Ausdrucks soll Auskunft geben, ob Sie die Grundlagen mitbringen, um an einer Hochschule in Deutschland ein Studium aufzunehmen. Dabei wird berücksichtigt, dass Sie im Laufe des Studiums Ihre sprachlichen Fähigkeiten weiter ausbauen werden. Die zentrale Frage bei der Beurteilung lautet: Können Hochschullehrkräfte und Studierende Sie in einer konkreten Hochschulsituation unabhängig vom Fachgebiet mit Ihrer Äußerung verstehen? Ist der Inhalt und Umfang Ihrer Leistungen der Aufgabenstellung angemessen?

Die hier folgenden Hinweise zur Lösung der Aufgaben zum Mündlichen Ausdruck stellen keine Musterlösungen oder idealen Antworten dar. Manche der erwarteten Antworten / Lösungen können auch durch andere stichhaltige Äußerungen ersetzt werden.

Die Stichpunkte zu den einzelnen Aufgaben geben Anregungen für deren Bewältigung. Redemittel werden nicht aufgeführt; Sie finden sie beim Strategietraining.

Bei den Hinweisen handelt es sich nicht um Bewertungskriterien zur Beurteilung des Mündlichen Ausdrucks. Eine Zuordnung zu den einzelnen TestDaF-Niveaustufen ergibt sich hieraus nicht.

Übungstest 1

Aufgabe 1 (TDN 3)
1. Begrüßung und sich vorstellen.
2. Grund des Anrufs: an dem Theaterseminar teilnehmen.

3. Einzelheiten erfragen: Wer kann teilnehmen? Wie oft findet das Seminar statt? Wo? Wann ist das nächste Treffen? Was genau ist der Inhalt? Muss man Vorkenntnisse mitbringen?

Aufgabe 2 (TDN 3) (länderspezifische Antwort)

1. Beschreibung der Situation, z. B.: Studenten im eigenen Land arbeiten auch, besonders in den Semesterferien und manchmal am Wochenende. In bestimmten Bereichen gibt es viele Ferienjobs.
2. Gründe: Sie wollen Geld (dazu-)verdienen, erste Berufserfahrungen sammeln, Kontakte für später knüpfen.

Aufgabe 3 (TDN 4)

1. Aufbau der Grafik
   Thema: die Verteilung von Führungspositionen von Frauen und Männern in der Industrie in verschiedenen Ländern Europas; Quelle: Eurostat 2005. Gezeigt werden die Anteile von Männern und Frauen in acht Ländern; Länder mit der höchsten Anzahl an Führungspositionen bei Männern und Frauen, d. h. mit einer ausgeprägten Hierarchie: Griechenland, Italien und Spanien, Länder mit einer eher geringen Anzahl an Führungskräften, d. h. mit einer flacheren Hierarchie: Dänemark, Frankreich, Deutschland; im Mittelfeld: Schweden, Großbritannien.
2. Zusammenfassung der Grafik
   In allen gezeigten Ländern nehmen deutlich mehr Männer als Frauen Führungspositionen ein, die größten Unterschiede gibt es in Griechenland und Italien (31 % gegenüber 17 % und 27 % gegenüber 15 %). Weniger große Unterschiede in Dänemark, Frankreich und Deutschland – diese haben aber auch insgesamt weniger Führungspositionen.
   Das bedeutet: Länder mit einer ausgeprägten Hierarchie haben auch ein deutliches Gefälle zwischen Männern und Frauen in der Verteilung von Führungspositionen.

Aufgabe 4 (TDN 5)

1. Vorteile und Nachteile des Plans abwägen
   Vorteile: Man kann Arbeit und Studium vereinbaren; Berufstätige gehen systematischer an das Studium heran; das ist auch interessant für die „normalen" Studierenden: Sie lernen andere Perspektiven kennen.
   Nachteile: Berufstätige haben kein richtiges „Studentenleben"; ein Studium erfordert die volle Energie; ein berufsbegleitendes Studium dauert sehr lange; Berufstätige haben bereits einen Beruf und dürfen nicht Plätze an der Uni belegen.
2. eigene Stellungnahme begründen
   Vorschlag: Trotz erkennbarer Nachteile überwiegen die Vorteile. Man sollte Berufstätigen die Möglichkeit zur eigenen Weiterqualifizierung geben, wenn sie Zeit und Motivation haben. Letztendlich profitieren alle davon, auch die Gesellschaft.

Aufgabe 5 (TDN 4)

1. Vorteile und Nachteile abwägen
   Vorteile: Das Studium kann zeitlich flexibel gestaltet werden; paralleles Arbeiten halbtags ist interessant und bringt mehr Möglichkeiten für den (späteren) Beruf.
   Nachteile: Erforderlich sind Selbstdisziplin und gute Selbstorganisation; doppelte Belastung: weniger Freizeit, man sieht Kommilitonen und Kommilitoninnen nicht mehr so oft; weniger Möglichkeiten, gemeinsam zu lernen.
2. eigene Meinung formulieren
   Vorschlag: Fernstudium klingt interessant, aber „normales" Studium ist schneller, effektiver und macht mehr Spaß; für das Arbeiten gibt es danach genug Möglichkeiten und Zeit.

Aufgabe 6 (TDN 5)

Hier sollen Sie Ihre Überlegungen anhand der Grafik vortragen. Sie sollen dabei die Daten als Beleg für die eigenen Hypothesen verwenden.

1. Dargestellte Entwicklung
   Zunahme der Arbeitslosenquote in Deutschland in den letzten 15 Jahren insgesamt und bei allen Berufsgruppen, möglicherweise begründet durch deutsche Wiedervereinigung; Menschen wurden eher arbeitslos, wenn sie keine oder nur eine geringere Ausbildung hatten; gute Ausbildung als wichtige Voraussetzung für einen Arbeitsplatz.
2. Auswirkungen
   Trend wird sich fortsetzen / verschärfen. Durch zunehmende Automatisierung und die Auslagerung von Arbeitsplätzen in so genannte Billiglohnländer wird gute (Hochschul-)Ausbildung immer wichtiger. Zunahme der Arbeitslosenquote bei denen, die weniger gut ausgebildet sind; dadurch Veränderung der Gesellschaft und Beeinflussung der Bildungswege.

Aufgabe 7 (TDN 3)

1. Vorteile und Nachteile abwägen
   Vorteile: gute Gelegenheit, Ski fahren zu lernen und neue Leute kennen zu lernen; gut für die Kondition.
   Nachteile: teuer; blockiert Wochenenden.
2. eigene Meinung begründen
   Vorschlag: Kurs kostet zwar relativ viel Geld und belegt vier Wochenenden, aber ist auch interessant; man kann dann Ski-Urlaub machen, das hält fit, ist abwechslungsreich und man kann neue Leute kennen lernen. Empfehlung: Kurs belegen.

Übungstest 2

Aufgabe 1 (TDN 3)

1. Begrüßung und sich vorstellen.
2. Grund des Anrufs: Teilnahme am Austauschprogramm, Papiere vor vier Wochen geschickt
3. Einzelheiten erfragen: Ist die Anmeldung angekommen? Wie kann man sich vorbereiten? Gibt es andere Teilnehmer aus der eigenen Uni? Haben Sie schriftliche Informationen oder eine Seite im Internet?

Aufgabe 2 (TDN 3) (länderspezifische Antwort)

1. Beschreibung der Situation, z. B.: Kinder im eigenen Land lernen in der Schule ab einer bestimmten Klasse die erste Fremdsprache; später haben sie Möglichkeit, noch eine weitere Fremdsprache zu lernen; in der Uni muss man keine Fremdsprachen mehr lernen, man kann aber freiwillig Kurse im Sprachenzentrum belegen; Studierende in bestimmten Fachrichtungen müssen Latein lernen.
2. Mögliche Gründe: z. B. weil man verreisen oder im Ausland arbeiten will; Partner aus einem anderen Land, dessen Sprache man lernen möchte.

Aufgabe 3 (TDN 4)

1. Aufbau der Grafik
   Thema: Art und zeitlicher Umfang von Studentenjobs in Deutschland; Quelle: Deutsches Studentenwerk / Hochschulinformationssystem, 17. Sozialerhebung 2004. Die erste Grafik zeigt, was Studenten machen: 11 % arbeiten im erlernten Beruf, 20 % üben eine freiberufliche Tätigkeit aus, 27 % arbeiten als studentische Hilfskraft und 42 % arbeiten als Aushilfskräfte. Die zweite Grafik zeigt zeitlichen Umfang: Aushilfsarbeiten nehmen im Durchschnitt 20 Stunden pro Woche ein, die Arbeit als studentische Hilfskraft 15 Stunden, freiberufliche Arbeit 12 Stunden und die Arbeit im erlernten Beruf 10 Stunden.
2. Zusammenfassung der Grafik
   Am häufigsten sind Aushilfstätigkeiten, die auch die meiste Zeit in Anspruch nehmen (20 Stunden pro Woche). Studierende, die im erlernten Beruf arbeiten, arbeiten nur 10 Stunden die Woche. Schlussfolgerung / Vermutung: Je ungelernter die Tätigkeit ist, desto geringer ist der Verdienst, so dass mehr Zeit zum Geldverdienen aufgewendet werden muss.

Aufgabe 4 (TDN 5)

1. Vorteile und Nachteile des Plans abwägen
   Vorteile: Messen bringen Kontakte und Einblick in die Arbeitswelt; bieten die Möglichkeit, an ein Praktikum oder einen ersten Arbeitsplatz zu kommen.
   Nachteile: Enge Verbindung zu Wirtschaftsunternehmen kann die Universität oder die Studierenden in eine Abhängigkeit bringen; Messen sind aufwändig zu organisieren, kosten viel Geld, das an anderen Stellen eingesetzt werden könnte.
2. eigene Meinung begründen
   Vorschlag: Vorteile überwiegen gegenüber Nachteilen, frühzeitige Kontakte zu möglichen Arbeitgebern sind wichtig, dafür sind Messen eine gute Idee. Das motiviert beim weiteren Studium.

Aufgabe 5 (TDN 4)

1. Vorteile und Nachteile abwägen
   Vorteile von Kommunikationswissenschaft: Kommunikationswissenschaft ist interessant und vielseitig; bietet viel eigene Gestaltungsmöglichkeiten.
   Nachteile von Kommunikationswissenschaft: Schwierigkeit, damit später einen Arbeitsplatz zu finden; Studium ist sehr frei und nicht so strukturiert, man muss viel selbst entscheiden und sich gut organisieren.
   Vorteile von Betriebswirtschaft: bessere Berufsaussichten; man kann mehr Geld verdienen; Studium ist klar strukturiert und übersichtlich.
   Nachteile von Betriebswirtschaft: Man muss auch Mathematik und Statistik lernen; Studium kann schnell langweilig werden, wenn man sich nicht wirklich für wirtschaftliche Zusammenhänge interessiert.
2. eigene Meinung formulieren
   Trotz der besseren Berufsaussichten bei Betriebswirtschaftsstudium auch persönliche Interessen berücksichtigen.

Aufgabe 6 (TDN 5)

Hier sollen Sie Ihre Überlegungen anhand der Grafik vortragen. Sie sollen dabei die Daten als Beleg für die eigenen Hypothesen verwenden.

1. Mögliche Gründe für die dargestellte Entwicklung
   Einwanderung der meisten Aussiedler aus ehemaligen Ostblockstaaten Anfang der 1990er Jahre; aufgrund der wirtschaftlichen Entwicklung Mangel an Arbeitskräften in einigen Bereichen; andererseits Ansteigen der Arbeitslosigkeit seit der Wiedervereinigung Deutschlands 1989, die zu vermehrter Auswanderung führt; mangelnde berufliche Perspektiven in Deutschland, bessere Karrieremöglichkeiten im Ausland.
2. Konsequenzen
   Zahl der Einwanderungen nach 1992 stark zurückgegangen, die der Auswanderungen nach einem relativ hohen Niveau seit Ende der 1990 Jahre ebenfalls rückläufig; im Jahr 2003 sind ca. 80.000 Menschen nach Deutschland eingewandert und ca. 45.000 ausgewandert; Zahl der Auswanderungen wird in Zukunft vermutlich wieder ansteigen, denn Arbeitslosigkeit in bestimmten Bereichen treibt Deutsche ins Ausland; andererseits gibt es Wirtschaftsbereiche mit Arbeitskräftemangel; viele Menschen kommen nach Deutschland, um ihre Lebenssituation zu verbessern. Zahl wird wieder ansteigen; vermutlich Auswirkungen auf die wirtschaftliche und gesellschaftliche Entwicklung.

Aufgabe 7 (TDN 3)

1. Vorteile und Nachteile abwägen
   Vorteile: gute Computerkenntnisse wichtig für Studium und Beruf; Kurs ist kostenlos.
   Nachteile: Freitagabend, regelmäßiger Termin ein ganzes Semester lang.
2. eigene Meinung begründen
   Vorschlag: Kurs zwar während des Semesters am Freitagabend, aber dafür lernt man mit dem Computer umzugehen; wichtig für Studium wie auch für späteren Beruf; ohne Computerkenntnisse sind Berufsaussichten schlechter. Kurs außerdem kostenlos; neue Leute kennen lernen und Spaß haben; Ratschlag: Kurs besuchen.

Übungstest 3

Aufgabe 1 (TDN 3)

1. Begrüßung und sich vorstellen.
2. Grund des Anrufs: Anmeldung für den Hochschulsommerkurs
3. Einzelheiten erfragen: Wie viele Teilnehmer gibt es und woher kommen sie? Wo genau findet der Kurs statt? Was sind die Inhalte? Gibt es spezielle Voraussetzungen? Wie kann man sich vorbereiten? Könnten Sie mir bitte ein Programm zuschicken?

Aufgabe 2 (TDN 3) (länderspezifische Antwort)

1. Beschreibung der Situation, z. B.: Studenten im eigenen Land machen auch viel Sport.
2. Es gibt viele Angebote an den Universitäten und zwar besonders in bestimmten Sportarten. Die Angebote sind kostenlos/kostenpflichtig. Sie finden nur während des Semesters / ganzjährig statt.
3. Das Sportangebot ist freiwillig, aber sehr viele Studierende nehmen daran teil.

Aufgabe 3 (TDN 4)

1. Aufbau der Grafik
   Thema: die neun häufigsten Studienfächer bei Männern und Frauen im Wintersemester 2002/2003; Quelle: Statistisches Bundesamt. Die Statistik weist jeweils die Anzahl der Studierenden aus. Wichtigster Aspekt: klare Favoriten bei der Fächerwahl, die sich bei Männern und Frauen unterscheiden.
2. Zusammenfassung der Grafik
   Männer: Betriebswirtschaftslehre mit fast 84.000 und Informatik mit fast 70.000 Studierenden eindeutig an der Spitze; neben Medizin und Rechtswissenschaften v. a. wirtschaftswissenschaftliche und technische Fächer; keine Geisteswissenschaften. Frauen: Germanistik und Betriebswirtschaftslehre mit jeweils fast 68.000 Studierenden an der Spitze: danach Rechtswissenschaften, Medizin, Erziehungswissenschaften und Pädagogik. Wirtschaftswissenschaften, Anglistik, Biologie und Psychologie auf den letzten Plätzen; keine technischen Fächer.

Aufgabe 4 (TDN 5)

1. Vorteile und Nachteile des Vorschlags abwägen
   Vorteile: So genannte kleine Fächer kosten viel Geld und bilden nur wenige Studierende aus; sind oft auch „exotische" Fächer mit schlechten Berufsaussichten; Geld könnte man besser in andere Fächer investieren.
   Nachteile: Gerade kleine Fächer machen die Vielfalt einer Universität aus; die Gesellschaft braucht auch Spezialisten in seltenen Fachrichtungen; man kann nicht sagen, welche Absolventen vielleicht doch in Zukunft gebraucht werden, z. B. Akademiker mit speziellen Sprachkenntnissen.
2. Zustimmung oder Ablehnung begründen
   Vorschlag: begrenzte finanzielle Ressourcen der Universitäten müssen zwar überlegt eingesetzt

werden; andererseits ist es für die akademische Vielfalt auch entscheidend, dass es ein breites Fächerangebot gibt; es ist immer schwierig, über die zukünftige Nützlichkeit von Studiengängen Aussagen zu treffen.

Aufgabe 5 (TDN 4)

1. Vorteile und Nachteile abwägen
   Vorteile: eine neue Kultur, den Alltag in einem anderen Land und möglicherweise eine neue Sprache kennen lernen; neue Erfahrungen machen; persönliche Bereicherung, die auch bei der Jobsuche von Vorteil sein kann.
   Nachteile: Qualität der Angebote der ausländischen Universität nicht immer hoch; das Studium in einer Fremdsprache stellt besondere Anforderungen; inhaltliche Auseinandersetzung ist möglicherweise nicht so intensiv; ein Teilstudium im Ausland verlängert das Studium insgesamt und man steigt später in den Beruf ein; man muss sein persönliches Umfeld, Familie und Freunde, verlassen.
2. eigene Meinung begründen
   Vorschlag: Argumente für einen Auslandsaufenthalt während des Studiums haben ein stärkeres Gewicht; Möglichkeit, ins Ausland zu gehen, gibt es vielleicht später nie wieder; wertvolle Erfahrungen. Schwierigkeiten wie höhere Kosten und höherer zeitlicher Aufwand sind nicht so entscheidend; Empfehlung: ins Ausland gehen.

Aufgabe 6 (TDN 5)

Bei dieser Aufgabe sollen Sie Ihre Überlegungen anhand der Grafik vortragen. Sie sollen dabei die Daten als Beleg für die eigenen Hypothesen verwenden.

1. Gründe für dargestellte Entwicklung
   Anzahl der privaten Autos ist angestiegen; Industrieproduktion sowie die Verbrennung fossiler Energieträger (Erdöl, Kohle, Gas) führte zu mehr Ausstoß von schädlichen Abgasen; hat in allen dargestellten Ländern stark zugenommen.
2. zu erwartende Auswirkungen
   Vorschlag: Auswirkungen der global messbaren klimatischen Veränderung jetzt schon spürbar; werden sich vermutlich noch verstärken und die Lebensbedingungen weiter verschlechtern, besonders in armen Ländern; jetzige Situation so alarmierend, dass Wissenschaftler und Politiker in naher Zukunft umdenken und für alternative Energieformen (Sonne, Wind) und ökologisch vertretbarere Produktionsweisen eintreten werden; auch die privaten Konsumenten werden umdenken und z. B. den privaten Autogebrauch stark einschränken müssen.

Aufgabe 7 (TDN 3)

1. Vorteile und Nachteile abwägen
   Vorteile: stärkt die Bindung an die eigene Fakultät; man lernt die Bibliothek gut kennen; Kontakt zu Kommilitonen und Dozenten; Geld verdienen.
   Nachteile: weniger Zeit für Studium; weniger Freizeit.
2. eigene Meinung begründen
   Vorschlag: Zwar weniger Zeit für Studium, aber man verdient etwas dazu. Und man lernt auch die Arbeitsabläufe in einer Bibliothek besser kennen und hat Kontakt zu anderen Menschen; gute Möglichkeit, Geld zu verdienen und Erfahrungen zu sammeln.

Leseverstehen

Lesetext 1: Städtereisen
1 – C, 2 – H, 3 – F, 4 – G, 5 – I, 6 – B, 7 – I, 8 – E, 9 – I, 10 – D

Lesetext 2: „Kinder bringen Leben in die Bude"
11 – B, 12 – B, 13 – C, 14 – A, 15 – C, 16 – C, 17 – A, 18 – A, 19 – A, 20 – B

Lesetext 3: Das Gehirn lernt lebenslang
21 – JA, 22 – TSDN, 23 – JA, 24 – JA, 25 – TSDN, 26 – NEIN, 27 – TSDN, 28 – NEIN, 29 – JA, 30 – JA

Hörverstehen

Hörtext 1: Ein Karrierezentrum für Frauen

1 (gute / ausgewählte) Studentinnen der Natur- und Ingenieurwissenschaften
2 (der) Frauenanteil (beträgt) weniger als / nicht einmal 10 %
3 mit (fast) allen großen Unternehmen
4 (seit) 2001
5 überdurchschnittliches Vordiplom
6 einen zweiwöchigen Intensivkurs / 2-Wochen-Intensivkurs / Kontakte untereinander und zu Firmen aufbauen / knüpfen
7 kann (später) auch im Beruf nützlich sein / bessere Berufsaussichten
8 schlechter als für ihre männlichen Kollegen / schlechter als für Männer

Hörtext 2: E-Learning in der Hochschule
9 – F, 10 – F, 11 – R, 12 – F, 13 – F, 14 – F, 15- R, 16 – R, 17 – R, 18 – F

Hörtext 3: Aus den Fugen geraten

19 a) Verlust der Mitte,
b) Zunahme von Extremen
20 gemäßigtes (und) fruchtbares Klima / ausgewogenes Klima; wirtschaftliche Balance / soziale und wirtschaftliche Balance
21 (Veränderungen wirken mit) große(r) Zeitverzögerung / heutige Klimagase vor Jahrzehnten in (die) Umwelt gebracht / (die) Summe und (die) Tendenz der Veränderungen
22 Extreme nehmen zu / dramatische Armut und enormer Reichtum
23 die unteren 50 % besitzen (nur noch) 4 % des Volksvermögens
24 Idee von Adam Smith: Konkurrenz und persönlicher Vorteil wird gefordert und gefördert / jeder denkt (nur) an (sich und) seinen eigenen Vorteil
25 mit- und füreinander arbeiten, den ganzen Weltzusammenhang in das (eigene) Denken einbeziehen / (konsequent) egoistisch handeln, sich einander zuwenden

Schriftlicher Ausdruck

Erwartungshorizont

Thema: Surfen statt feiern

Einleitung

Mögliche Alternativen

1. Wie gestalten Jugendliche heute ihre Freizeit?
2. Spielt der Computer heute wirklich eine große Rolle bei den jungen Menschen?
3. Die Vielfalt elektronischer Medien hat Einfluss auf alle Lebensbereiche.

Überleitung

Mögliche Alternativen

1. Die Freizeitmöglichkeiten von Jugendlichen sind heute vielfältiger als je zuvor. Werden sie genutzt bzw. wie werden sie genutzt?
2. Die modernen Medien sind nicht nur Hilfe bei der Arbeit, sondern spielen auch bei der Unterhaltung eine enorme Rolle.

Grafikbeschreibung

Thema: Freizeitgestaltung von Jugendlichen
Darstellung: Verteilung der Aktivitäten Jugendlicher – bezogen auf eine Woche – in den Jahren 2002 und 2006
Quelle: Shell Jugendstudie 2006

Alternative 1:
Behandlung der Aufgabenpunkte nacheinander
Aufgabenstellung Punkt 1:

- Jugendliche verbringen ihre Freizeit zu einem Großteil damit, Musik zu hören, fernzusehen und Leute zu treffen, zunehmend auch damit, im Internet zu surfen.
- Feiern, Lesen und Sport spielen geringere Rolle, ebenso das Sehen von Videos bzw. DVDs.

Aufgabenstellung Punkt 2:

- Unterschiede zwischen 2002 und 2006 insgesamt nicht allzu groß; leichter Rückgang bei: Musik hören, fernsehen, Leute treffen, in Discos und zu

Partys gehen, Freizeitsport; Musik hören, fernsehen, Leute treffen machen weiterhin den größten Anteil aus.
- Merklich zugenommen haben: Internet-Surfen (von 26 % auf 38 %) sowie Videos/DVDs sehen (von 18 % auf 26 %); leichte Zunahme auch bei: Bücher lesen, Vereinssport.
- Aktivitäten mit anderen (Leute treffen, Partys, Freizeitsport) nehmen insgesamt eher ab.

Alternative 2:
parallele Behandlung der beiden Aufgabenpunkte
- Jugendliche verbrachten im Jahr 2002 in ihrer Freizeit mehr Zeit mit Musik hören, fernsehen und Leute treffen als im Jahr 2006 (Zahlen nennen).
- Zeit für Surfen im Internet ist von 2002 bis 2006 stark angestiegen (von 26 % auf 38 %); auch der Konsum von Videos und DVDs hat um 8 % zugenommen.
- geringe Zunahme bei Lesen und Vereinssport.

Zusammenfassung
Die Freizeitaktivitäten der Jahre 2002 und 2006 unterscheiden sich hauptsächlich in der Nutzung des Internets, die merklich zugenommen hat und im Konsum von Filmen auf Video bzw. DVD; demgegenüber leichte Abnahme bei Musik hören, fernsehen, Leute treffen, auf Partys gehen und beim Freizeitsport.

Überleitung
Mögliche Alternativen
1. Ist es daher so, dass Jugendliche immer mehr vereinsamen?
2. Soll man dem entgegen treten und Jugendlichen andere interessantere Angebote machen?
3. Das Internet nimmt immer mehr Raum ein. Wohin könnte das führen?
4. Viele sehen in der Nutzung der Medien eine Gefahr für die gesundheitliche und soziale Entwicklung von Jugendlichen.

Wiedergabe der Stellungnahme
Weltweit nehmen Computer-Aktivitäten von Jugendlichen immer mehr Zeit ein, viele sehen darin einen Grund für gesundheitliche und soziale Probleme Jugendlicher.

Eigene Stellungnahme
Mögliche Argumente für diese Aussage:
- Wegen der vielen Zeit, die man vor dem Computer verbringt, kommen andere Aktivitäten zu kurz.
- Gesundheitliche Probleme sind heute bei jungen Menschen viel häufiger als früher.
- Virtuelle Computer-Welten sind kein Ersatz für echte Kontakte.

Mögliche Argumente gegen diese Aussage:
- Kritik an den jeweils „neuen" Medien hat es zu allen Zeiten gegeben, schon bei der Erfindung der Schrift.
- Jugendliche leben heute unter ganz anderen Bedingungen als früher: Technik ist Bestandteil ihres Lebens.
- Jugendliche sind nicht weniger aufgeschlossen und kommunikativ als früher; sie kommunizieren nur anders.

Situation im Heimatland
Anregungen:
- Wie verbringen Jugendliche dort ihre Freizeit?
- Spielen das Internet und die neuen Medien dort auch so eine große Rolle?
- Gibt es eine öffentliche Diskussion zu diesem Thema?

Mündlicher Ausdruck

Erwartungshorizont

Aufgabe 1 (TDN 3)
1. Begrüßung und sich vorstellen
2. Erklären, warum man anruft
3. Einzelheiten zum Kurs erfragen: Welche Niveaustufen bieten Sie an? Muss man einen Eingangstest machen? Wie oft finden die Kurse statt? Wie viele Teilnehmer gibt es normalerweise? Wer unterrichtet die Kurse?

Aufgabe 2 (TDN 3) (länderspezifische Antwort)
1. Beschreibung der Situation, z. B.: Silberhochzeit im eigenen Land wird auch gefeiert, allerdings nicht wie in Deutschland. / Silberhochzeit im eigenen Land wird nicht gefeiert, stattdessen …
2. Es ist ein großes Fest mit allen Verwandten. / Es ist kein großes Fest, sondern eine ganz kleine Familienfeier mit den Eltern, Großeltern, Geschwistern und Enkelkindern. Es gibt Geschenke / keine Geschenke.

Aufgabe 3 (TDN 4)
1. Aufbau der Grafik
   Thema: Nutzung elektronischer Medien im Jahr 2006 in Deutschland und in den USA pro 100

Einwohner; in den USA Zahl der PCs fast doppelt so hoch wie in Deutschland (80 pro Einwohner gegenüber 45); Anzahl der Mobiltelefone in Deutschland mit 104 pro 100 Einwohner höher (USA: 76 pro 100 Einwohner); Anzahl Internetnutzer und Fernseher in den USA höher als in Deutschland (76 gegenüber 60 bzw. 120 gegenüber 92); DVD-Spieler: in Deutschland 90 Geräte gegenüber 82 in den USA.

2. Zusammenfassung der Grafik
   Nutzung elektronischer Medien in den USA in allen Bereichen höher außer bei Mobiltelefonen und DVD-Spielern; besonders großer Unterschied bei PCs: Nutzung in den USA fast doppelt so hoch; in beiden Ländern nutzen mehr als 50 von 100 Einwohnern das Internet; das Fernsehen ist nach wie vor am meisten verbreitet.

Aufgabe 4 (TDN 5)

1. Vorteile und Nachteile dieses Vorschlags abwägen
   Vorteile: neue Sprache und Kultur kennen lernen; Einblick in ein anderes akademisches System und ein anderes Studentenleben; Erfahrungen machen, wie man damit zurecht kommt.
   Nachteile: Auslandssemester kostet mehr Geld; man ist von Familie und Freunden getrennt; Unsicherheit, ob das Studium in einer Fremdsprache so intensiv ist und problemlos laufen wird wie in der Muttersprache; vielleicht ist auch nicht alles, was man dort lernt, wichtig für das Studium in Deutschland oder es ist nicht interessant genug.
2. Zustimmung oder Ablehnung begründen
   Vorschlag: Zwar ist Studium im Ausland teuer und aufwändiger, aber es bringt viele neue Erfahrungen / es ist eine Bereicherung; das Kennenlernen einer neuen Kultur / eines neuen Landes ist nicht nur für die persönliche Entwicklung von Bedeutung, sondern auch für berufliche Perspektiven, auch vor dem Hintergrund von Globalisierung und Internationalisierung; wenn Austausch mit Partneruniversität organisiert wird: weniger organisatorische Probleme, bessere Betreuung.

Aufgabe 5 (TDN 4)

1. Vorteile und Nachteile abwägen
   Vorteile: gute und effektive Vorbereitung auf die Zwischenprüfung; man kann sich auf das Wissen des Tutors verlassen und weiß, was man lernen muss; man lernt in einer Gruppe, hilft sich gegenseitig, es wird dadurch auch nicht langweilig.
   Nachteile: Tutorium kostet Geld; man muss dafür arbeiten gehen oder sich das Geld leihen; Verzicht auf Urlaub und damit auf Erholung.
2. die eigene Meinung begründen
   Vorschlag: Urlaub wichtig wegen Erholung und Entspannung; trotzdem Empfehlung, das Tutorium zu besuchen; Begründung: Zwischenprüfung ist ein wichtiger Schritt, um im Studium weiterzukommen; deshalb auf die Prüfung konzentrieren, um gute Ergebnisse zu erzielen; Tutorium kann Spaß machen: in der Gruppe arbeiten, sich gegenseitig motivieren, zusammen etwas unternehmen.

Aufgabe 6 (TDN 5)

Bei dieser Aufgabe sollen Sie Ihre Überlegungen anhand der Grafik vortragen. Sie sollen dabei die Daten als Beleg für die eigenen Hypothesen verwenden.

1. mögliche Gründe für die dargestellte Entwicklung
   Fortschritt und industrielle Entwicklung durch Wohlstand: Haushalte mit Zentralheizung; immer mehr Menschen können sich ein Auto und Fernreisen leisten (dadurch mehr Flugverkehr); die dafür benötigte Energie wird hauptsächlich aus Öl, Gas und Kohle gewonnen; die dadurch entstehenden Abgase verschmutzen die Luft, zerstören die Ozonschicht, führen zur globalen Erwärmung.
2. zu erwartende Auswirkungen
   Grafik zeigt, dass die Jahrestemperatur seit etwa 1975 über dem Durchschnitt der letzten 100 Jahre liegt, mit steigender Tendenz; d. h. auch in den nächsten Jahrzehnten wird mit einem Anstieg zu rechnen sein; Notwendigkeit, einen Ausweg zu suchen: Ausstoß von Abgasen verringern, Produktionsweisen umstellen (alternative Energien), den öffentlichen und privaten Verkehr verringern; insgesamt langsamer Prozess, der erst nach vielen Jahren positive Auswirkungen zeigen wird.

Aufgabe 7 (TDN 3)

1. Vorteile und Nachteile abwägen
   Vorteile: Möglichkeit, Geld zu verdienen; Privatkontakt zu einer deutschen Familie aufbauen
   Nachteile: Anfahrtszeit; kein geregelter Kurs, Termine können ausfallen.
2. eigene Meinung begründen
   Vorschlag: Privatunterricht ist vielleicht etwas aufwändiger als ein organisierter Kurs; Unterricht kann manchmal ausfallen; zusätzlicher Anfahrtsweg. Andererseits: Möglichkeit, Geld zu verdienen, und deutsches Familienleben kennenzulernen. Vorschlag: mit der Familie verhandeln, ob sie einen Teil der Anfahrtszeit zahlt. Ratschlag formulieren: den Privatunterricht machen.

